Christine Peter

Mitarbeit: Jo Moskon, Franziska Pörschmann

„UND WAS MACHEN WIR HEUTE?"

Freizeittipps für Kinder
in KÖLN

RABEN
MÜTTER
VERLAG

Impressum

Projektmanagement: Johannes Moskon, Franziska Pörschmann, München
Bildredaktion: Christine Peter, Köln; Johannes Moskon, Franziska Pörsch-
mann, München
Korrektorat: Linde Wiesner, Pullach
Layout: Dr. Alex Klubertanz, Garmisch-Partenkirchen
Umschlag: Jan Erdmann, Frankfurt
Piktogramme: Alexandra Klatt, vitamin2D, Potsdam

Dieses Buch wurde sorgfältig recherchiert und erarbeitet. Dennoch erfol-
gen alle Angaben ohne Gewähr. Für die Richtigkeit der Angaben können
weder Autorinnen noch der Verlag eine Haftung übernehmen.
Für Hinweise und Anregungen sind wir jederzeit dankbar:

Rabenmütter Verlag Ug (haftungsbeschränkt)
Orffstraße 14
80634 München
angeklopft@rabenmuetter-verlag.de

Die Deutsche Bibliothek–CIP-Einheitsaufnahme
Ein Titelsatz für diese Publikation ist bei der Deutschen Bibliothek erhältlich.

© 2014 Rabenmütter Verlag Ug (haftungsbeschränkt)

Druck und Bindung: BAUER MEDIEN Produktions- & Handels- GmbH, Wien

ISBN: 978-3-942336-07-9

www.rabenmuetter-verlag.de

„UND WAS MACHEN WIR HEUTE?"

Freizeittipps für Kinder
in KÖLN

Über die Autorin

Unsere Autorin Christine Peter arbeitet seit fast 20 Jahren im Buchhandel und davon eine beachtliche Zeit als freie Redakteurin, Lektorin und Autorin. Ihr kann man nichts mehr vormachen!

Ihre bisherigen Buchveröffentlichungen können sich sehen lassen:

- „Köln, Bonn und das südliche Rheinland" (Peter Meyer Verlag, 2010)
- „Villen und Landhäuser in Köln" (Aschenbeck Verlag, 2010)
- „Kinderwagen-Touren – Köln entdecken mit Baby und Kleinkind" (books on demand, 2011)

Der Titel „Kinderwagen-Touren – Köln entdecken mit Baby und Kleinkind" entstand in eigener Regie und in „Zusammenarbeit" mit dem damals wenige Monate alten Sohn, der an allen Recherchen beteiligt war. Sowohl Recherche, Texte, Abbildungen als auch die komplette Vermarktung des Buches übernahm die Autorin sehr erfolgreich selbst.

Rabenmütter Verlag freut sich sehr, Frau Peter als Autorin für diesen Kinderguide gewonnen zu haben.

Christine Peter lebt und arbeitet mit ihrer Familie in Köln.

Inhalt

„Und was machen wir heute?"–Köln

Endlich – der Ratgeber für Unternehmungen mit Kindern in einer Groß-
stadt. Sommer, Winter, drinnen und draußen! Hier ist der Insider-Guide für
ein unvergessliches Unterhaltungsprogramm für Kinder in Köln. Aktuell recherchiert und von Eltern bewertet.

Der Spot liegt auf den Freizeitangeboten, die Köln als Stadt bietet. Vom kinderfreundlichen Restaurant zu den coolsten Wasserspielplätzen über Aktivitäten bei Sonne und Regen und Chillen mit den Kindern bei Hitze und
Kälte–für jedes Wetter, für jede Stimmung! Kitsch und Kultur, sportlich und
entspannend! Wichtig für uns war, jeden Freizeitpunkt bequem mit Stadtbahn oder Bus erreichen zu können. Und das ganze ohne Altersbeschrän-
kung – von 0 bis 100 Jahren!

„Und was machen wir heute?" ist gedacht für Eltern, Großeltern, Lehrer und
Familien, die ihre Freizeit mit Kindern aktiv, abwechslungsreich und sinnvoll
gestalten wollen.

Warum ein Kinder-Stadt-Guide?
Weil es keinen gibt! Okay! Stimmt so nicht. Natürlich gibt es Führer zum
Thema, aber kein Buch kann vollständig und allumfassend sein.
Bei unseren Recherchen machten uns viele Eltern, Erzieherinnen oder Lehrer
darauf aufmerksam, dass es neben den allgemein bekannten Empfehlun-
gen viele Geheimtipps gibt, die in kaum einem Buch erwähnt sind. Genau

Gehen wir spielen?

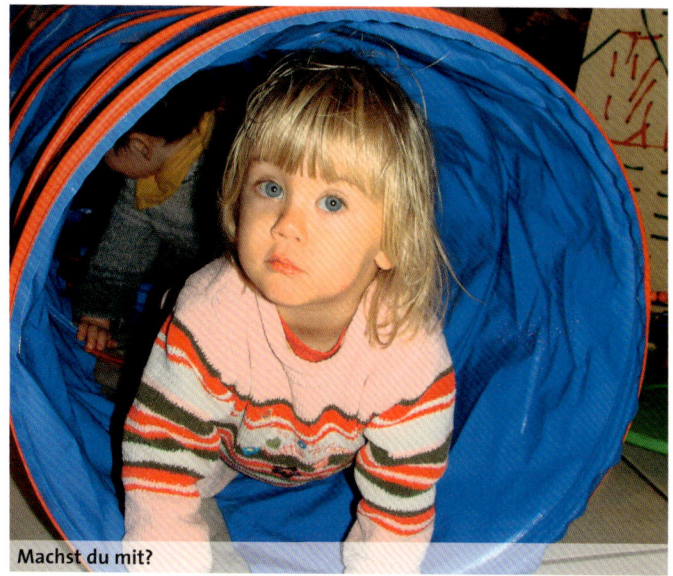

Machst du mit?

da setzen wir an. Neben den Klassikern wie dem Museum Ludwig haben wir
vieles zusammengetragen, was im urbanen Großstadtdschungel hilfreich
sein kann. Wussten Sie, dass es ein Cafe gibt, wo Sie relaxt Cafe trinken können, die Kinder ihren Spaß haben und Sie Mode, Kleidung, Schuhe und so
von hippen lokalen Designern bestaunen und kaufen können?
Durch gründliche Recherche, Umfragen bei Eltern und unermüdlicher Neu-
gier ist es Christine Peter und dem Team vom Rabenmütter Verlag gelungen, Freizeitmöglichkeiten für Kinder zu entdecken, die sonst nur über
Mundpropaganda oder Flüsterpost von Eltern zu Eltern wandern oder nur
stadtviertelintern bekannt sind. Einen solchen Guide gibt es bestimmt noch
nicht, deshalb wurde es Zeit.
Zusätzliche Infos und Features wie u.a. Parkmöglichkeiten, Haltestellen öf-
fentlicher Verkehrsmittel, Geldbeutelbelastung, vorhandene Gastronomie
und Kinderwagentauglichkeit machen dieses Buch zu einem lückenlosen
Rundum-Freizeit-Guide!

Und bevor wir uns nun endgültig über den Klee loben: Falls sich doch Fehler
eingeschlichen haben, Sie einen Tipp vermissen, sich etwas geändert haben
sollte, melden Sie sich und geben Sie uns bitte Bescheid, damit wir das um-
gehend korrigieren können: angeklopft@rabenmuetter-verlag.de
Vielen Dank!

Und nun viel Spaß mit Ihren Kids in Köln!

Hier eine kleine Erklärung, wie der Guide funktioniert:

Die Freizeittipps sind durch Piktogramme übersichtlich gestaltet. Mit einem Blick erkennt man:

Unternehmungen, die bei gutem Wetter geeignet sind

Unternehmungen, die für schlechtes Wetter geeignet sind

Mama, Papa, Großeltern können hier auch mal entspannen

Parkmöglichkeiten sind vorhanden

Keine Parkmöglichkeit

Kostenloses Angebot für Kinder

Günstiges Angebot

Kein Schnäppchen, aber noch okay für den Geldbeutel

Hier muss man etwas tiefer in die Tasche greifen

Hier gibt es die Möglichkeit, Geburtstag zu feiern

Der besondere Tipp

Bitte beachten Sie, dass diese Hinweise die individuelle Einschätzung der Redaktion sind.

Zum Inhalt

Der Ratgeber ist in vier Teile aufgebaut:

„Ganzjährig" beinhaltet Tipps, die, wie der Name schon sagt, das ganze Jahr über angesteuert werden können.

„Frühlings/Sommer" für Unternehmungen, die nur in diesem Zeitrahmen stattfinden.

„Herbst/Winter" für Unternehmungen, die nur in diesem Zeitrahmen stattfinden.

„Service" nennt einige Adressen, bei denen wir uns dachten, dass sie ganz hilfreich sein könnten, wenn man mal in der Klemme steckt und Hilfe oder Unterstützung braucht.

Die Piraten sind los!

Anmerkung:

Wir haben alle Tipps so sorgfältig wie möglich zusammengetragen und alle Angaben, die wir recherchieren konnten, eingefügt. Wenn mal eine Altersangabe oder eine Preisangabe fehlt, liegt es daran, dass darüber keine Informationen zu bekommen waren. Alle Tipps sind unterschiedlicher Natur, und Geschmäcker sind nun mal verschieden. Was dem einen gefällt, kann für den anderen total öde sein – deshalb möchten wir betonen, dass wir hier keine Qualitätsauswahl getroffen oder nach eigenem Gusto entschieden haben, welcher Tipp ins Buch kommt. Unser ausschließliches Anliegen war, ohne Vorbehalte oder Vorurteile Freizeitmöglichkeiten für Kinder in einem Buch zu sammeln und damit Köln so bunt und facettenreich zu zeigen, wie es ist.

Viel Freude mit dem Guide,

Ihr Rabenmütter Verlag

Ganzjährig

Abenteuerspielplätze & Co.

Spielplatz Der Bau *(Chorweiler)*

Für Kinder ab 6

Seit 1977 gibt es die Oase für Kinder. Hier finden die Abenteurer Sandkästen, eine Rutsche, eine Schaukel, alles zum Klettern, einen Tierbereich und eine Nestschaukel. Im Haus gibt es einen Gruppenraum, Toiletten, eine Werkstatt mit angrenzender Spiel- und Werkzeugausgabe, einen kleinen Bastel- und Werkraum sowie eine überdachte Spielfläche. Um 14:00 Uhr findet ein gemeinsames Mittagessen statt für nur 0,50 Euro, und ab 15:00 Uhr gibt es kostenlose Programmangebote. Eine Anmeldung ist nicht nötig.

Abendrothstraße 7a, 50769 Köln, Tel. 0221/7008766 | Anfahrt: Stadtbahn 15, Bus 120, 121, 122, 125, 126, Haltestelle: Chorweiler | http:// bauspielplatz.chorweiler.info

Baui *(Südstadt)*

Für Kinder ab 3

Keine Frage: Dieser Spielplatz ist Kult! Zum Bauspielplatz „Baui" gehören mehrere Räumlichkeiten in einem alten Fort sowie ein großes Außengelände. Dort liegt der eigentliche Abenteuer- und Bauspielplatz, auf dem man

Spielplatz Rheinpark

Spielplatz Forstbotanischer Garten/Friedenswald

klettern, toben und werkeln kann. Alles eingebettet in den weitläufigen Friedenspark. Öffnungszeiten Spielplatz: Für Kinder Mo.–Fr. 12:00–18:00, für Jugendliche Mo.–Fr. 14:00–22:00 Uhr.

Hans-Abraham-Ochs-Weg/Titusstraße, 50678 Köln, Tel. 0221/37 47 42 | Anfahrt: Stadtbahn 15, 16, Haltestelle: Ubierring | www.baui.jugz.de

Familienpark im Rheinpark *(Deutz)*

Für Kinder ab 0

Hier gibt es einen Minigolf-Parcours, BMX- und Skaterflächen, eine MiniCar-Bahn, Kletterwand und Streetball-Feld sowie fest installierte Trampoline. Durch die Lage direkt unter der Zoobrücke ist die Anlage auch bei unvorteilhaftem Wetter nutzbar. Etwas abseits stehen zudem einige ungewöhnliche Schaukeln. Bis auf Minigolf und MiniCar ist alles kostenfrei nutzbar.

Jugendpark „im Rheinpark Zoobrücke", Sachsenbergstraße, 51063 Köln, Tel. 0221/81 11 98-0 | Anfahrt: Stadtbahn 1, 3, 4, 9, Haltestelle: Bhf. Deutz/Messe bzw. Bahnhof Deutz/Lanxess Arena, dann ca. 15 Min. zu Fuß durch den Rheinpark oder Bus 150, 250, 260, Haltestelle: Thermalbad
www.koelner-jugendpark.de

Spielplatz Fritz Encke Park

Spielplatz Forstbotanischer Garten/Friedenswald (Rodenkirchen)

Für Kinder ab 0

Ein riesiger Spielplatz auf noch viel riesigerem Wiesen-Hügelgelände, auf dem es für jede Altersgruppe etwas zu entdecken gibt. Ideal auch für ein Picknick oder das Austoben nach einem Besuch im Forstbotanischen Garten. Zudem gibt es hier weit und breit keinen gefährlichen Autoverkehr. Da der Spielplatz außerhalb des Forstbotanischen Gartens liegt, ist er durchweg geöffnet, nicht nur zu den Öffnungszeiten des Gartens.

Forstbotanischer Garten, Schillingsrotter Straße, 50996 Köln, Tel. 0221/354325
Anfahrt: Stadtbahn 16, Haltestelle: Rodenkirchen, dann 10 Min. Fußweg (Ausschilderung folgen) | www.stadt-koeln.de/6/gruen/forstbotanischer-garten

Spielplatz Fritz Encke Park *(Raderthal)*

Für Kinder ab 0

Dieser Spielplatz verdient den Namen „Kletterparadies". Denn hier gibt es eine gewaltige Anlage aus Holzbohlen, Kletterwänden, Seilen, Balancierbalken und vielem mehr. Gekrönt wird alles von einer Riesenrutsche. Ein separater Bereich enthält Spielplatzgeräte für die Kleineren. Der Spielplatz liegt

Spielplatz Groov

geschützt und relativ weit entfernt vom Straßenverkehr im westlichen Teil des Fritz-Encke-Parks.

Fritz-Encke-Park, Kardorfer Straße, 50968 Köln | Anfahrt: Bus 131, Haltestelle: Heeresamt, oder 132, Haltestelle: Arnoldshöhe

Spielplatz Groov *(Porz-Zündorf)*

Für Kinder ab 0

Eine optimale Lage zwischen Minigolfplatz und Eiscafé und schöne Spielgeräte. All das ist eingebettet in die weitläufigen Wiesen der Zündorfer Groov und bietet damit viel Platz zum Rennen oder Fußballspielen.

Freizeitinsel Groov, 51143 Köln Porz-Zündorf | Anfahrt: Stadtbahn 7, Haltestelle: Zündorf, oder Rheinfähre Krokodil (s. S. 100) |

Spielplatz Gut Leidenhausen *(Porz-Eil)*

Für Kinder ab 0

Einer der schönsten Spielplätze im Rechtsrheinischen! Neben den Spiel- und Klettergeräten gibt es hier vor allem viel Platz zum Rennen, Toben und Fußballspielen, denn das Areal ist Teil des Naherholungsgebietes Gut Lei-

Kalker Stadtgarten

denhausen. Tipp: Picknick mitbringen und an einer der schönen Picknick-
bänke am Spielplatz gemütlich schlemmen.

*Gut Leidenhausen, 51147 Köln | Anfahrt: Bus 152, Haltestelle: Eil, Heumarer
Straße, dann etwa 20 Fußweg*

Spielplatz im Kalker Stadtgarten *(Kalk)*

Für Kinder ab 0

Wer sich hier nicht auskennt, vermutet kaum, was für ein verzauberter Ort
hinter dem Metallzaun an der Kalker Hauptstraße liegt. In der Tat ist dies
mehr ein „Garten" als ein „Park". Im hinteren Teil der Grünanlage liegt der
Spielplatz, weit abgeschirmt von der Straße und umgeben von einigen Ra-
senflächen, sodass Kinder hier geschützt spielen und toben können. An son-
nigen Tagen zieht es auch immer einige Sonnenanbeter hierher. Alles in allem eine kleine Oase im sonst eher rauen Kalker Trubel. Öffnungszeiten:
Nov.–Feb. 8:00–17:00, März, Apr., Sep. 8:00–19:00, Mai–Aug. 8:00–20:00,
Okt. 8:00–20:00 Uhr.

*Kalker Hauptstraße 212–214, 51103 Köln | Anfahrt: Stadtbahn 1, 9, Haltestelle:
Kalk Kapelle*

Spielplatz am Lindenthaler Tierpark *(Lindenthal)*

Für Kinder ab 0

Etwa in Höhe des Lindenthaler Tierparks, etwas abseits der Kitschburger Allee, liegt dieser Waldspielplatz mit vielen Schaukeln, großen Sandkästen und jeder Menge Klettergeräte. Im Sommer ist es hier schön schattig, und die optimale Lage lädt dazu ein, einen Abstecher in den Tierpark oder den Stadtwald zu machen.

Kitschburger Straße, 50935 Köln | Anfahrt: Stadtbahn 7, 13, Haltestelle: Dürener Straße/Gürtel, oder Bus 136, Haltestelle: Kitschburger Straße

Spielplatz Rheinpark *(Deutz)*

Für Kinder ab 0

Eine turmhohe Rutsche, eine Kletterlandschaft aus Seilen und jede Menge Platz zum Rennen und Toben bietet der Spielplatz im Rheinpark. Umrahmt wird das Ganze von der Kleinbahn, die im Park ihre Runden dreht. Im Som-

Spielplatz am Lindenthaler Tierpark

Spielplatz im Südpark (Marienburg)

mer sind die Wiesen ein beliebtes Picknickgelände. Ein weiteres Plus: Weit und breit gibt es keinen Straßenverkehr.

Rheinparkweg, 50679 Köln | Anfahrt: Stadtbahn 1, 3, 4, 9, Haltestelle: Bhf. Deutz/Messe bzw. Bahnhof Deutz/Lanxess Arena, dann ca. 5 Minuten Fuß-weg am Rheinufer entlang

Spielplatz im Südpark *(Marienburg)*

Für Kinder ab 0

Der beschauliche Südpark liegt mitten im Kölner Villenviertel Marienburg und bietet daher eine bilderbuchreife Kulisse für den Spielplatz. Besonders schön ist dieser Spielplatz aber vor allem deshalb, weil die angrenzenden Wiesen viel Platz zum Rennen und Toben bieten und unter den großen Bäu-men im Sommer immer ein schattiges Plätzchen zu finden ist. Auch für Fa-milien mit Klein(st)kindern ist dieser Spielplatz wegen seiner großen Sand-flächen einen Ausflug wert.

Am Südpark, 50968 Köln | Anfahrt: Bus 106, Haltestelle: Südpark

Cafés, Restaurants & Eisdielen

Alte Feuerwache *(Nippes)*

Für Kinder ab 0

Die Alte Feuerwache bezeichnet sich als soziokulturelles Zentrum – doch hinter diesem sperrigen Begriff verbirgt sich ein lebendiges Gebäude voller kultureller, sozialer und spielerischer Betätigungsmöglichkeiten und gastronomischem Angebot. Leitidee ist die Begegnung und der Austausch, auch zwischen Menschen verschiedener Kulturkreise und Altersgruppen. Es gibt sowohl Angebote für Eltern und Kleinkinder als auch einen offenen Kindertreff für Sechs- bis Zwölfjährige. Im Erdgeschoss befindet sich das kinderfreundliche Lokal, im Sommer mit gemütlichem Biergarten und sonntags von 10:00 bis 14:00 Uhr mit einem fulminanten Brunchbuffet (Reservierung empfohlen). Sehr beliebt – und weit über die Grenzen von Nippes hinaus bekannt – sind im Sommer die Flohmärkte im Innenhof der Alten Feuerwache.

Melchiorstraße 3, 50670 Köln, Tel. 0221/973155-0 | Anfahrt: Stadtbahn 5, 12, 15, 16, 18, Haltestelle: Ebertplatz | www.altefeuerwachekoeln.de bzw. www. lokal-koeln.de

Altenberger Hof *(Nippes)*

Für Kinder ab 0

In einer ehemaligen Hofanlage bietet der Altenberger Hof Restaurant, Biergarten und Bürgerzentrum in einem – und zwar direkt am Nippeser Tälchen, einer weitläufigen Grünanlage. Für Kinder ist sowohl im Innenhof und auf den Wiesen als auch auf dem nahe gelegenen Spielplatz viel Raum zum Spielen. Zudem gibt es spezielle Kindergerichte. Öffnungszeiten: Mo.–Sa. 12:00–24:00, So. & Fei.: Brunch ab 10:00 Uhr. Achtung: Navigation für Parkplätze: Niehler Kirchweg 47!

Mauenheimer Str. 92, 50733 Köln, Tel. 0221/53 48 077 | Anfahrt: Stadtbahn 12, 15, Haltestelle: Florastraße | www.lokal-koeln.de

Restaurant Asado *(Rath)*

Für Kinder ab 0

Für die Großen argentinische Grillspezialitäten, für die Kleinen ohne Ende Platz zum Rennen und Toben, einen kleinen Teich und drum herum Wald –

all das gibt es hier, am Rande des Königsforst. Bei entsprechendem Wetter lässt es sich prima auf der großen Veranda sitzen, während die Kinder das parkähnliche Gelände erkunden. Im Winter, bei schlechtem Wetter oder mehr Lust auf „drinnen" können die Kleinen auch im Spielzimmer spielen. Öffnungszeiten: Di.–Do. 17:00–0:00, Fr./Sa. 17:00–01:00, So. 12:00–23:00 Uhr.

Baumschulenweg, 51107 Köln, Tel. 02205/894797 | Anfahrt: BAB Ausfahrt Königsforst | www.restaurant-asado.de

Café Baumhaus *(Südstadt)*

Für Kinder ab 0

Besonders praktisch im Café Baumhaus: Das Café ist von der Straße durch einen kleinen Grünstreifen abgetrennt. So ist vor allem im Sommer genug Platz auf der Terrasse vor dem Eingang, um eine Sandkiste aufzustellen. Drinnen ist alles freundlich und hell eingerichtet. Für die Kleinen gibt es eine gut ausgestattete Spielecke, für die Großen leckeren Kaffee, Kuchen und kleine Snacks. Vor allem Suppenfreunde kommen hier voll auf ihre Kosten! Öffnungszeiten: Di.–Fr. und So. 10:00 - 18:00, Sa. 15:00 - 18:00 Uhr.

Karl-Korn-Straße 18, 50678 Köln, Tel. 0221/78 95 36 00 | Anfahrt: Stadtbahn 15, 16, Haltestelle: Ubierring oder Chlodwigplatz| www.cafe-baumhaus.de

Biergarten Rathenauplatz *(Neustadt Süd)*

Für Kinder ab 0

Nur einen Steinwurf von der trubeligen Zülpicher Straße entfernt, liegt der beschauliche Rathenauplatz. Wer hier wohnt, möchte das urbane Flair in vollen Zügen genießen. So betreibt seit einigen Jahren eine Bürgerinitiative den dortigen Biergarten, gelegen praktischerweise direkt neben einem Kinderspielplatz. Hier lässt es sich auch mal den ganzen Tag aushalten. Essen, Trinken, Gesellschaft, Spielmöglichkeiten – es ist einfach alles da. Öffnungszeiten: Bei guter Witterung April–September von 12:00 bis 23:00 Uhr, bei Regenwetter geschlossen.

Rathenauplatz, 50674 Köln, Tel. Bürgergemeinschaft Rathenauplatz e.V.: 0221/24 83 01 | Anfahrt: Stadtbahn 9, 12, 15: Zülpicher Straße/Gürtel, DB Köln Bahnhof Süd

Blauer König *(Kalk)*

Für Kinder ab 0

Der Blaue König liegt unweit der Kalker Kapelle, gegenüber einem Spielplatz, und ist ein über die Grenzen von Kalk hinaus beliebter Treffpunkt. Besonders empfehlenswert – und vor allem bei Kindern beliebt – sind die Crêpes- und French-Toast-Variationen. Ansonsten gibt es eine mediterrane Küche, eine täglich wechselnde Mittagsgerichte und eine reichhaltige Frühstückskarte. Im Sommer lässt es sich prima draußen sitzen, während die Kinder gegenüber auf dem Spielplatz toben. Öffnungszeiten: Di.–Fr. 11:00–24:00, Sa. 12:00–24:00, So. 9:30–24:00 Uhr, Montag Ruhetag.

Markt 24, 51103 Köln, Tel. 0221/99 39 37 48 | Anfahrt: Stadtbahn 1, 9, Haltestelle: Kalk Kapelle | www.blauer-koenig.de

Familiencafé boyce & girls *(Neustadt-Nord)*

Für Kinder ab 0

Café, Shop und Familien-Treffpunkt in einem! Besonders empfehlenswert: gemütlich einen Kaffee trinken, die Kleinen in der Spielecke „absetzen" und dann in den hinteren Teil des Cafés abtauchen. Denn dort befindet sich ein großer Shop mit praktischen und außergewöhnlichen Stücken. Wer etwas Besonderes sucht, wird hier zwischen Mode, Schuhen, Spielzeug & Kinder-

Blauer König

Familiencafé boyce & girls

wagen sicher fündig. Kleine Kollektionen oder Stücke von lokalen Designern und Herstellern runden das Angebot ab. Öffnungszeiten: Mo.–Fr. 8:00–19:00, Sa. 10:00–18:00 Uhr

Balthasarstraße 65, 50670 Köln, Tel. 0221/423 484 68 | Anfahrt: Stadtbahn 5, 12, 15, 16, 18, Haltestelle: Ebertplatz | www.boyceandgirls.de

Café Franck *(Neu-Ehrenfeld)*

Für Kinder ab 0

An dieser Kuchentheke haben sich sicher schon viele (Kinder)Nasen platt gedrückt. Denn die Auswahl ist legendär. Und ebenso ist das Ambiente: Sixties-Retro-Charme gepaart mit Lounge-Style – und das in einer sehr netten, kinderfreundlichen Atmosphäre. Statt Kinderstühlchen und Spielecke gibt es hier jedoch viele gemütliche Polstermöbel, an denen auch Kinder prima sitzen und spielen können. Im Sommer ist die Terrasse ein Muss, und an einigen Abenden verwandelt sich das Café in eine Lounge- oder Club-Location. Es lohnt sich, den Terminkalender zu betrachten! Öffnungszeiten: Di.–So. 10:00–19:00 Uhr, Mo. Ruhetag.

Eichendorffstraße 30, 50825 Köln, Tel. 0221/716 72 10 | Anfahrt: Stadtbahn 5, 13, Haltestelle: Subbelrather Straße/Gürtel | www.cafe-franck.de

Haus Müller *(Südstadt)*

Für Kinder ab 0

Hier geht es rundum familienfreundlich zu – das beweist nicht nur die separate Kinderkarte. Denn der Biergarten des Hauses Müller befindet sich auf einem kleinen autofreien Platz, in direkter Nachbarschaft zu einem Kinderspielplatz. Öffnungszeiten: Mo.–Fr. ab 17:00, Sa. und So. ab 13:00 Uhr.

Achterstraße 2/An der Eiche, 50678 Köln, Tel. 0221/932 10 86 | Anfahrt: Stadtbahn 15, 16, Haltestelle: Chlodwigplatz | www.hausmüller.net

Henkelmännchen *(Deutz)*

Für Kinder ab 0

Das Restaurant Henkelmännchen in der Lanxess-Arena hat ein Mittagessenangebot inkl. Salatbar und täglich wechselnden Speisen. An Sonntagen verwandelt sich das Lokal in ein Familienparadies: Von 10:30–14:30 Uhr gibt es einen opulenten Brunch mit einem speziellen Kinder-Buffet. Tipp: Für Familien mit Kindern gibt es eine Kinderbetreuung. Öffnungszeiten: Sonntagsbrunch 10:30–14:30 Uhr.

Willy-Brandt-Platz 2, 50679 Köln, Tel. 0221/802 3456 | Anfahrt: Stadtbahn 1, 3, 4, 9, Haltestelle: Bhf. Deutz/Messe bzw. Bahnhof Deutz/Lanxess Arena | www.lanxess-arena.de/gastronomie/unsere-restaurants/henkelmaennchen.html

Café Franck

Herbrands

Herbrands *(Ehrenfeld)*

Für Kinder ab 0

Abends tanzen im Club, tagsüber schlemmen im Bistro oder Biergarten – und all das in entspannter Atmosphäre, in der sich auch Kinder wohlfühlen. Bei Familien besonders beliebt ist der Sonntags-Brunch, denn hier gibt es für Kinder ab drei Jahren ein Bastelangebot. Achtung: Voranmeldung zum Brunchen wird empfohlen! Öffnungszeiten Bistro & Biergarten (je nach Saison): ab ca. 15:00 Uhr, Sonntagsbrunch 10:00–14:00 Uhr.

Herbrandstraße 21, 50825 Köln, Tel. 0221/9 54 16 56, Hotline: 0173/4 63 15 80
Anfahrt: Stadtbahn 3, 4, 13, Venloer Straße/Gürtel, S-Bahn: Bahnhof Ehrenfeld
www.herbrands.de

Café KiWi–Kinder in Widdersdorf *(Widdersdorf)*

Für Kinder ab 0

Andere Kinder und Eltern treffen, bei Kaffee und Kuchen etwas zur Ruhe kommen, dafür ist das Café Kiwi perfekt geeignet. Denn das Café bietet neben der Spielecke auch ein abwechslungsreiches Veranstaltungsprogramm sowie offene Krabbelgruppen. Ein idealer Familien-Treffpunkt, der perfekt in das sich rasant entwickelnde Widdersdorf passt. Öffnungszeiten: Mo.–Fr. 9:00–17:00, Sa. 10:00–17:00 Uhr.

Alte Sandkaul 7, 50859 Köln, Tel. 0221/98 74 23 60 | Anfahrt: Bus 145, 149, Haltestelle: Zum Neuen Kreuz | www.cafe-kiwi-koeln.de

Café Kleks *(Zollstock)*

Für Kinder ab 0
Das gemütliche Naturkostcafé liegt mitten in Zollstock und ist ein beliebter Anlaufpunkt für gesundheitsbewusste Schleckermäulchen. Auch – und besonders – Familien mit Kindern können es sich hier bei täglich selbst gebackenem Kuchen, warmen und kalten Snacks sowie vegetarischen und veganen Speisen gut gehen lassen: Es gibt eine Spielecke und eine kleine Rutsche, die den etwas erhöht liegenden Cafébereich mit dem Hauptraum verbindet. Das bunte Veranstaltungsprogramm enthält unter anderem Kochkurse, Lesungen, Kasperletheater bis hin zu Flohmärkten. Öffnungszeiten: Di.–Fr. 11:30–18:30, Sa. 14:30–18:30, So. 10:30–18:30. Mo. Ruhetag.

Irmgardstraße 19, 50969 Köln, Tel. 0221/16 85 75 50 | Anfahrt: Stadtbahn 12, Haltestelle: Gottesweg, Bus 131, Haltestelle: Gottesweg | www.cafe-kleks.de

Kulturgut Eltzhof *(Porz-Wahn)*

Für Kinder ab 0
Sehr gut per S-Bahn erreichbar und in direkter Nachbarschaft zur Burg Wahn liegt das Kulturgut Eltzhof. Neben einem Brauhaus mit Biergarten gibt es hier mehrere Veranstaltungsräume, in denen das ganze Jahr hindurch ein gemischtes Kulturprogramm stattfindet – von Theater über Konzerte und Partys bis hin zu Karnevalsveranstaltungen. Der Innenhof bietet viel Bewegungsraum für Kinder. Das romantische Schloss Wahn ist ebenfalls einen Besuch wert. Öffnungszeiten Brauhaus: Mo.–Do. ab 17:00, Fr.–Sa. ab 12:00, So. ab 11:00 Uhr.

St. Sebastianusstraße 10, 51147 Köln, Tel. 02203/98 00 80 | Anfahrt: S 12, S 13, Haltestelle: Porz-Wahn, Bus 160, 162, 163, 164, 167, 185, Haltestelle: Porz-Wahn bzw. Wahn Kirche | www.eltzhof-kulturgut.de

Herr Landmann

Herr Landmann *(Neu-Ehrenfeld)*

Für Kinder ab 0

In der quirligen Landmannstraße ist ein Kindercafé genau an der richtigen Stelle. Denn drinnen kann es ebenso quirlig zugehen. Dennoch ist es hier prima möglich, auch mit Kind in Ruhe einen Kaffee zu trinken oder eine Kleinigkeit zu essen, denn die Spielecke dürfte den Nachwuchs für eine ganze Weile faszinieren. Hin und wieder gibt es besondere Events wie Brunch, Lesungen oder Kasperletheater, ebenso kann das Café für Veranstaltungen wie Kindergeburtstage, Taufen etc. angemietet werden. Bei Interesse an einem Mittagssnack: Es gibt eine wöchentlich wechselnde Mittagskarte (11:00–17:00 Uhr). Öffnungszeiten: Mo.–So. 9:00–18:00 Uhr, Mittwoch Ruhetag

Landmannstraße 4, 50825 Köln, Tel. 0221/16 91 14 36 | Anfahrt: Stadtbahn 5, 13, Haltestelle: Subbelrather Straße/Gürtel | www.herrlandmann.de

Café queerbeet *(Riehl)*

Für Kinder ab 0

Hier ist alles genau durchdacht: Denn das queerbeet ist viel mehr als ein Café. Neben Heiß- und Kaltgetränken, leckeren Waffeln oder kleinen Herzhaftigkeiten gibt es hier noch einen Laden mit Neu- und Second-Hand-Kleidung, Spielwaren und vielen anderen nützlichen Dingen rund ums Kind. Dazu bietet das queerbeet regelmäßige Kurse und Treffs für Babys, Krabbelkinder und Eltern an. Besonderer Service: Es können für kleines Geld jede Menge nützliche Kinder- und Baby-Utensilien ausgeliehen werden – von der Manduca-Trage über Popcornmaschine, Hochstuhl, Buggy bis zum Fahrrad/Laufrad. Nähere Infos dazu auf der Website. Öffnungszeiten: Mo. 15:00–18:00, Di. - Fr. 9:00–13:00, 15:00–18:00, Sa. 10:00–13:00 Uhr.

Stammheimer Straße 108, 50735 Köln, Tel. 0221/766733 | Anfahrt: Stadtbahn 16, Haltestelle: Kinderkrankenhaus, bzw. Stadtbahn 18, Haltestelle: Boltensternstraße, oder Bus 140, Haltestelle: Riehler Gürtel | www.querbeet-koeln.de

Café Rosemarie *(Klettenberg)*

Für Kinder ab 0

Nicht nur innen schön, sondern auch außen herum „Oho!". Denn das Café Rosemarie liegt direkt gegenüber des Honnefer Platzes mit seinem Bolz- und Spielplatz. Hier können sich bewegungshungrige (Klein)Kinder austoben, während Babys und Krabbelkinder den abgetrennten Spielbereich im Café erobern. Ein schöner Ort für einen gepflegten Kaffee oder eine Kleinigkeit zu Essen! Öffnungszeiten: Di.–So. 10:00–18.30 Uhr, Mo. Ruhetag.

Café querbeet

Hirschbergstraße 28, 50939 Köln, Tel. 0221/16 91 89 78 | Anfahrt: Stadtbahn 18, Haltestelle: Sülzburgstraße, Stadtbahn 13, 18, Haltestelle: Sülzgürtel www.cafe-rosemarie.de

Tacolonia *(Nippes)*

Für Kinder ab 0

Leckeres mexikanisches Essen, ein Feierabend-Kölsch oder ein frischer Cocktail auf der Terrasse? In einem kinderfreundlichen Ambiente mit separatem Spielzimmer? All das gibt es bei Tacolonia in Nippes. In unregelmäßigen Abständen gibt es hier auch Specials, wie etwa Sonntagsbrunch, Burger-Tag oder einen Familientag mit unterschiedlichen Angeboten. Öffnungszeiten: täglich ab 16:00 Uhr.

Kempener Straße 56, 50733 Köln, Tel. 0221/72 39 81 | Anfahrt: Stadtbahn 12, 15, Haltestelle: Florastraße | www.tacolonia.com

Kleine Straßenkünstlerin in Nippes

Stadtführungen & Erkundungen

entdecke-deine-stadt.de

Für Kinder ab 5

Über den Erfindungsgeist der alten Römer staunen, ins Mittelalter abtauchen oder bei einer Nachtwanderung ins Gruseln kommen: Bei diesen Stadtführungen für Kinder und Jugendliche wird Geschichte anfassbar – im wahrsten Sinne des Wortes. Denn bei der Spurensuche in der Altstadt finden sich zahlreiche Überreste aus vielen Epochen der Kölner Geschichte. Die reinen Kinderführungen sind für Gruppen buchbar, die öffentlichen Führungen inkl. Termine und Treffpunkte sind auf der Website zu ersehen.

Paulistraße 44, 50226 Frechen, Tel. 02234/96 20 96 | www.entdecke-deine-stadt.de

inside Cologne

Für Kinder ab 6

Die breite Palette an Kinder- und Jugendführungen steht hier immer unter einem besonderen Motto. So gibt es beispielsweise die beliebte Kinder-Kriminalführung „Von kleinen Sünden und schweren Strafen" oder Grusel-Stadtführungen. Auch kindergeeignete Führungen auf Englisch werden angeboten. Es gibt sowohl öffentliche Führungen mit festen Terminen und Startpunkten (siehe Website) als auch exklusiv buchbare Touren.

Düsseldorfer Straße 47, 51063 Köln (Mülheim), Tel. 0221/52 19 77 | www.insidecologne.de

stattreisen Köln e.V.

Für Kinder ab 5

Köln zu Fuß – abseits der üblichen Touristenpfade – so lautet das Motto des Vereins für „Groß und Klein". Von den Römern bis zum Mittelalter, den „Märchen, Sagen & Legenden", geheimnisvollen Orten unter der Erde („(R)Unterwelt"), Schauergeschichten, Wassersuche („Pütz und Pegel") oder einem Spaziergang über den Melatenfriedhof („Ein Friedhof voller Leben") – stattreisen köln e.V. vermittelt unterhaltsam und altersgerecht Wissenswertes rund um die Kölner Stadtgeschichte. Besonders beliebt ist die Stadt-Rallye „Die Köln-Detektive", für Kinder von acht bis zwölf Jahren im offenen Programm, für jüngere (5–7 J.) und ältere Kinder (ab 12) exklusiv buchbar. Wechselndes Programm und unterschiedliche Startpunkte und Zeiten, daher genaue Infos bitte der Website entnehmen.

Bürgerstraße 4, 50667 Köln, Tel. 0221/7 32 51 13 | www.stattreisen-koeln.de

Theater, Kino, Konzert & Bibliothek

Arkadas Theater *(Ehrenfeld)*

Für Kinder ab 4
„Bühne der Kulturen" – so heißt der Trägerverein des Theaters. Der Name beschreibt den Fokus des Hauses am besten. Denn die hier stattfindenden Aufführungen – ob Kinder-, Jugend-, Tanz- oder Erwachsenentheater – drehen sich um das Thema interkulturelle Verständigung. Zudem ist es ein Spielort für Kabarett und Lesungen.

Platenstraße 32, 50825 Köln, Tel. 0221/955 95 10 | Anfahrt: Stadtbahn 3, 4 und 13, Haltestelle: Venloer Str./Gürtel, Stadtbahn 5, Haltestelle: Subbelrather Str./Gürtel, Bus 141 und 142, Haltestelle: Bahnhof Ehrenfeld, S-Bahn/DB: Bahnhof Ehrenfeld | www.buehnederkulturen.de

Blaues Haus

Blaues Haus *(Südstadt)*

Für Kinder ab 3

Mitten in der Südstadt liegt dieses – nach eigenem Bekunden – kleinste Puppentheater Kölns. Hier tritt aber nicht der klassische „Kasperle", sondern viele Fantasiefiguren und -tiere auf. Schon Kinder ab drei Jahren können sich diese Stücke anschauen. Da das Theater nur ca. 35 Zuschauer fasst, empfiehlt es sich, Karten frühzeitig vorzubestellen. Es gibt auch ein Erwachsenenprogramm!

Severinstraße 120, 50678 Köln, Tel. 0221/4 71 32 39 | Anfahrt: Stadtbahn 3, 4, Haltestelle: Severinstraße | www.blaues-haus.biz

CASAMAX Theater *(Sülz)*

Für Kinder ab 3

Etwas versteckt in einem Hinterhof bietet das Kinder- und Jugendtheater CASAMAX Theaterstücke und -projekte für alle Altersstufen: von den Allerkleinsten über Stücke für Grundschulkinder bis hin zu Vorstellungen ab zwölf Jahre. Doch das ist noch nicht alles: Auch Workshops, Ferienprogramme und Besichtigungen des Theaters finden hier statt. Alles aufbereitet für Kinder und Jugendliche!

Berrenrather Straße 177, 50937 Köln, Tel. 0221/44 76 61 | Anfahrt: Stadtbahn 9, Haltestelle: Weyertal, Stadtbahn 13, Haltestelle: Berrenrather Str /Gürtel, oder Stadtbahn 18, Haltestelle: Arnulfstraße | www.casamax-theater.de

Cassiopeia Bühne *(Holweide)*

Für Kinder ab 4

Ein ganz besonderer Ort auf der rechten Rheinseite! Das Cassiopeia Theater ist ein Figurentheater- und Schauspielhaus, das sowohl Eigeninszenierungen als auch sorgfältig ausgewählte Gastaufführungen auf die Bühne bringt. Das Kinderprogramm dreht sich zumeist um die Entwicklung und Interpretation von märchenhaften Stoffen.

Bergisch Gladbacher Straße 499–501, 51067 Köln, Tel. 0221/9 37 87 87 Anfahrt: S11, Haltestelle: Holweide, Stadtbahn 3, 13, 18, Haltestelle: Vischeringstraße | www.cassiopeia-buehne.de

Cassiopeia Bühne

Comedia Theater *(Südstadt)*

Für Kinder ab 4 (bzw. je nach Stück)

Kindertheater, Kabarett, Theaterworkshops, Schauspieltraining – all dies findet unter dem Dach des Comedia Theaters statt. Geeignet sind die Kinderstücke und -workshops in der Regel für Kinder ab vier. Es gibt eigene Produktionen sowie Gastspiele. Zudem ist das Comedia Theater eine feste Institution für theaterpädagogische Angebote und sehr engagiert in puncto Weiterbildung, Vernetzung und Kooperationen.

Vondelstraße 4–8, 50677 Köln, Tel. 0221/888 77 222 | Anfahrt: Stadtbahn 15, 16, Haltestelle: Chlodwigplatz oder Ulrepforte, Bus 106, 132, 133, Haltestelle: Chlodwigplatz | www.comedia-koeln.de

Dellbrücker Theaterclub „Klapperkasten" *(Dellbrück)*

Für Kinder ab 4 (bzw. je nach Stück)

Seit 20 Jahren existiert der Klapperkasten – und mit ihm ein Ensemble aus Amateurschauspielern, das sich sehen lassen kann. Das kleine Theater im rechtsrheinischen Köln inszeniert Stücke sowohl für Kinder als auch für Erwachsene, wobei die Kinderstücke fast durchweg Interpretationen von Märchen oder Kinderbuchklassikern sind. Ein guter Ort für erste Annäherungen ans Kindertheater.

Comedia

Bergisch Gladbacher Straße 1006 (im Bürgertreff 1006), 51069 Köln, Tel.
0221/9 68 78 29 | Anfahrt: S11, Haltestelle: Dellbrück, Stadtbahn 3, 18, Halte-
stelle: Dellbrück Hauptstraße | www.dellbruecker-klapperkasten.de

Dellbrücker Theaterclub „Klapperkasten"

Freies Werkstatt Theater

Freies Werkstatt Theater *(Südstadt)*

Für Kinder ab 4

Ein Theater für alle Generationen – denn Theater für Kinder, Jugendliche und Erwachsene wird hier ebenso gemacht wie Altentheater, und zwar seit über 35 Jahren! Unverrückbar im Spielplan verankert sind u.a. derzeit für Kinder die Figuren „Nulli & Priesemut" aus den gleichnamigen Bilderbüchern. Die Kinderstücke richten sich in der Regel an Kinder ab vier Jahren. Zudem gibt es Theaterkurse, Einführungsvorträge und außergewöhnliche Specials.

Zugweg 10, 50677 Köln, Tel. 0221/32 78 17 | Anfahrt: Stadtbahn 15, 16, Haltestelle: Chlodwigplatz, Bus 106, 132, 133 und 142, Haltestelle: Chlodwigplatz
www.fwt-koeln.de

Hänneschen Theater *(Altstadt)*

Für Kinder ab 5

Wenn es so etwas wie ein „Pflichtprogramm" für Kinder in Köln gibt, dann gehört das Hänneschen Theater dazu! Schon seit über 200 Jahren treiben Hänneschen, Bärbelchen & Co. in dem urkölschen Puppentheater ihr Unwesen und bringen Groß und Klein zum Lachen. Die Karten sind heiß begehrt und oft schon kurz nach Beginn der Vorverkaufsphase ausverkauft. Doch Nachfragen lohnt sich. Wer nicht an einen festen Termin gebunden ist, bekommt mitunter auch spontan Karten. Jedes Jahr im Mai findet zudem die traditionelle Hänneschen-Kirmes auf dem Eisenmarkt statt, mit Bühnenprogramm und Theater-Führungen.

Eisenmarkt 2-4, 50667 Köln, Tel. 0221/ 2581201 (10:00–14:00 Uhr, außer Mo. und Di.) | Anfahrt: Stadtbahn 1, 7, 9, Haltestelle: Heumarkt, Bus 132, 133, 250, 260 Haltestelle: Heumarkt | www.haenneschen.de

Horizont Theater *(Altstadt Nord)*

Für Kinder ab 2 (bzw. je nach Stück)

Hier gibt es Theater (auch) schon für die ganz Kleinen: das Krabbeltheater ab zwei Jahre. In unregelmäßigen Abständen finden auch Märchenlesungen mit Frühstück für Kinder ab vier und deren Familien statt. Darüber hin-

![Hänneschen Theater]

Hänneschen Theater

Kölner Künstler Theater

aus bietet das Horizont Theater auch Stücke für Jugendliche, für Schulklassen und natürlich für Erwachsene.

Thürmchenswall 25, 50668 Köln, Tel. 0221/13 16 04 | Anfahrt: Stadtbahn 5, 12, 15, 16, 18 Haltestelle: Ebertplatz | www.horizont-theater.de

Kölner Künstler Theater *(Ehrenfeld)*

   €

Für Kinder ab 2 (bzw. je nach Stück)
Bis Herbst 2013 in der Stammstraße, freut sich das „KKT" jetzt über sein nagelneues Theaterhaus, das ebenfalls in Ehrenfeld eröffnet wurde. Bis dahin stehen noch zahlreiche Kinder- und Jugendtheaterproduktionen auf dem Spielplan. Zudem bietet das Haus verschiedene theaterpädagogische Workshops und Trainings an, z. B. auch zu den Themen Integration, Gewalt, Mobbing und Fremdenfeindlichkeit.

Grüner Weg 5, 50823 Köln, Tel. 0221/222 00 55 | Anfahrt: Stadtbahn 3, 4 und 13, Haltestelle: Venloer Str./Gürtel, Stadtbahn 5, Haltestelle: Subbelrather Str./ Gürtel, Bus 141 und 142, Haltestelle: Bahnhof Ehrenfeld, S-Bahn/DB: Bahnhof Ehrenfeld | www.k-k-t.de

Cinenova *(Ehrenfeld)*

Für Kinder ab 4 (bzw. je nach Film)

Engagiertes Programmkino mit umfangreichem Kinderprogramm und vielen Specials, beispielsweise Open-Air-Kino in den Sommermonaten, Filmreihen unter besonderem Motto und Kooperationsangeboten für Schulen. Angeschlossen ist ein Restaurant mit Biergarten.

Herbrandstraße 11, 50825 Köln, Tel. 0221/99 57 83-10 | Anfahrt: Stadtbahn 3, 4, 13, Venloer Straße/Gürtel, S-Bahn: Bahnhof Ehrenfeld | www.cinenova.de

Metropolis *(Altstadt Nord)*

Für Kinder ab 4 (bzw. je nach Film)

Das Metropolis ist in ganz Köln bekannt für Filme in Originalversion sowie ein ausführliches Kinderprogramm. Gemütliche und durch die vielen englischsprachigen Kinogäste fast ein wenig internationale Atmosphäre. Das Kinderprogramm hält auch immer wieder die absoluten Kinder-Klassiker parat!

Ebertplatz 19, 50668 Köln, Tel. 0221/722436 (Kartenreservierung, ab 14:00 Uhr) oder 0221/7391245 (Programmansage) | Anfahrt: Stadtbahn 5, 12, 15, 16, 18, Haltestelle: Ebertplatz | www.metropolis-koeln.de

Odeon *(Südstadt)*

Für Kinder ab 4 (bzw. je nach Film)

Kino mit Café und Biergarten und einer exquisiten Filmauswahl. Dazu gehört auch ein beachtliches Kinderprogramm. Ein besonderer Schwerpunkt liegt hier auch bei Filmvorführungen für Schulklassen.

Severinstraße 81, 50678 Köln, Tel. 0221/31 31 10 (Kinokasse, ab 16:00 Uhr) Anfahrt: Stadtbahn 6, 16, 15, Haltestelle: Chlodwigplatz, Stadtbahn 3, 4, Haltestelle: Severinstraße, Bus 132, 133, Haltestelle: Rosenstraße/Severinstraße (direkt vor der Haustür) | www.odeon-koeln.de

Kinderoper Köln *(Südstadt)*

Für Kinder ab 4

Kinder ab vier Jahren (vereinzelt auch schon ab drei) können hier spielerisch

Kölner Philharmonie

die Welt der Oper kennenlernen. Die Vorstellungen sind in jeder Hinsicht kindgerecht und dauern zwischen 30 und 60 Minuten. Jeden letzten Sonntag im Monat lesen vormittags ausgebildete Schauspieler oder Sänger Kinderliteratur vor. Aufgrund der Sanierung der Kölner Oper ist die Kinderoper derzeit im Alten Pfandhaus, einer Übergangs-Spielstätte, untergebracht.

Kartäuserwall 20, 50678 Köln, Tel. 0221/278 36 85 | Anfahrt: Stadtbahn 15, 16, Haltestelle: Chlodwigplatz, Bus 106, 132, 133, Haltestelle: Chlodwigplatz | www.kinderoper.info

Kölner Philharmonie *(Innenstadt)*

Für Kinder ab 0

Einmal ein Orchester ganz aus der Nähe betrachten? Klängen lauschen, die sonst nur Erwachsene hören? Das Konzertgebäude erkunden und erfahren, wie dort alles funktioniert? Ob Kindertag, Kinderkonzerte, Workshops, Familientag oder die Veranstaltungsreihe PhilharmonieVeedel: Die Kölner Philharmonie bemüht sich vorbildlich um Kinder und Familien und lässt sich immer wieder neue Aktionen und Programme einfallen.

Bischofsgartenstraße 1, 50667 Köln, Tel. 0221/20408-0 | Anfahrt: DB, S-Bahn und Stadtbahn 5, 16, 18, Haltestelle: Dom/Hbf. | www.koelner-philharmonie. de

Junges Literaturhaus *(Bayenthal)*

Für Kinder ab 3

Mitmach-Lesungen, Kinderlesungen, Workshops, Wettbewerbe, Feste: Das Junge Literaturhaus, die Kinder- und Jugendlichen-„Abteilung" des Kölner Literaturhauses, ist sehr einfallsreich, wenn es darum geht, Spaß an Literatur zu vermitteln. Ein besonderes Anliegen des Hauses ist es jedoch, auch Jugendliche zu erreichen. Dass dies gelingt, beweisen die zahlreichen Veranstaltungen, die vom Poetry Slam über literarische Gesprächsrunden, Theaterbesuche bis hin zu Diskussionsrunden reichen.

Schönhauser Straße 8, 50968 Köln, Tel. 0221/99 55 58 0, Fax 0221/99 55 58 15 Anfahrt: Stadtbahn 16, Haltestelle: Schönhauser Straße | www.junges-literaturhaus.de

minibib im Stadtgarten *(Neustadt Nord)*

Für Kinder ab 0

Im Stadtgarten spazieren und spontan ein Buch ausleihen, kostenlos und ohne Mitgliedsausweis, so lautet das Konzept der minibib. Zudem finden hier auch Vorlesestunden und andere Veranstaltungen für Kinder statt. Es lohnt sich, vorbeizuschauen und das Projekt zu unterstützen! Öffnungszeiten: Apr.–Sept.: Mo.–Sa. 13:00–19:00, So. 12:00–19:00 Uhr, Okt.–März: Mo. 15:00–18:00, Di.–Fr. 13:00–18:00, Sa. 15:00–18:00, So. 12:00–18:00 Uhr

Stadtgarten/Eingang Spichernstraße, 50672 Köln, Tel. 0221/221-23828 (Call Center) | Anfahrt: Stadtbahn 3, 4, 5, Haltestelle: Hans-Böckler-Platz/Bahnhof West

Zentralbibliothek *(Innenstadt)*

Für Kinder ab 0

Fünf Stockwerke voller Bücher, davon eines nur für Kinder- und Jugendliteratur, Comics, Spiele, CDs, DVDs und Computerspiele. Hier lässt es sich – vor allem bei schlechtem Wetter – locker mehrere Stunden aushalten. Hin und wieder gibt es auch Veranstaltungen für Kinder, wie z. B. Lesungen oder andere Events rund ums Buch. Für Kinder und Jugendliche unter 18 Jahren ist die Benutzung der Bibliotheken kostenlos! Neben der Zentralbibliothek am Neumarkt gibt es noch elf weitere, kleinere Stadtteilbibliotheken, einen Bücherbus sowie die „minibib" im Stadtgarten (s. oben). Öffnungszeiten: Di.

und Do. 10:00–20:00, Mi. und Fr. 10:00–18:00, Sa. 10:00–15:00 Uhr, Mo. geschlossen.

Josef-Haubrich-Hof 1, 50676 Köln, Tel. 0221/221-23828 (Call Center) | Anfahrt: Stadtbahn 1, 3, 4, 7, 9, 16, 18, Haltestelle: Neumarkt, Bus 106, 136, 146, Haltestelle: Neumarkt | www.stbib-koeln.de

Die Zirkusfabrik *(Dellbrück)*

Für Kinder ab 2

„Kulturarena" lautet der Beiname der Zirkusfabrik – was einen Eindruck davon vermittelt, wie vielseitig es hier zugeht. In erster Linie gibt es hier Kurse rund um Zirkus, Theater, Musik und Tanz – und zwar sowohl für Kinder und Jugendliche, als auch für Erwachsene. Für die entsprechenden Aufführungen steht eine eigene Bühne zur Verfügung. Darüber hinaus können Interessierte hier auch Badminton spielen, im Secondhand-Shop und in der Nähfabrik stöbern oder sich im Eltern-Kind-Café auf einen Plausch treffen.

Bergisch Gladbacher Straße 1007a, 51069 Köln, Tel. 0221/47 18 92 51 | Anfahrt: Stadtbahn 3, 18, Haltestelle: Dellbrück Hauptstraße | www.diezirkusfabrik. com

Wildparks, Gärten & Bauernhöfe

Tierpark Lindenthal *(Lindenthal)*

Für Kinder ab 0

Tuchfühlung möglich, denn Damwild, Schafe und Ziegen bewegen sich hier frei auf dem Gelände. Die größeren Bewohner (Hochlandrinder, Esel) sowie die Enten, Gänse und Hühner leben in Gehegen. Futter gibt es an Automaten. Viele Besucher kennen die Tiere beim Namen, denn alles ist sehr familiär, und die Tierpfleger erzählen gerne aus dem Leben der Tiere. Öffnungszeiten: Jan. und Dez.: Mo.–So. 9:00–16:00, Feb. und Nov.: Mo.–So. 9:00–17:00, Mär. und Okt.: Mo.–Sa. 8:00–18:00, So. 9:00–18:00, Apr. und Sep.: Mo.–Sa. 8:00–19:00, So. 9:00–19:00, Mai–Aug.: Mo.–Sa. 8:00–20:00, So. 9:00–20:00 Uhr.

Kitschburger Straße, 50935 Köln | Anfahrt: Stadtbahn 7, 13, Haltestelle: Dürener Straße/Gürtel, oder Bus 136, Haltestelle: Kitschburger Straße | www. lindenthaler-tierpark.de

Ponyreiten am Tierpark *(Lindenthal)*

Für Kinder ab 0

Schon Generationen von Kindern haben hier, vor den Toren des Tierparks, erste Reiterfahrungen gesammelt. Die Ponys sind extrem ruhig und geduldig und werden entweder von Begleitern oder Eltern eine kleine Runde durch den Stadtwald geführt. Tipp: Rechtzeitig dort sein, denn der Andrang ist oft groß. Öffnungszeiten: in der Regel Sa. 13:00–18:00, So. 11:00–18:00 Uhr. Näheres auf der Website.

Kitschburger Straße, 50935 Köln | Anfahrt: Stadtbahn 7, 13, Haltestelle: Dürener Straße/Gürtel, oder Bus 136, Haltestelle: Kitschburger Straße | www. pony-reiten.de

Wildgehege Brück *(Brück)*

Für Kinder ab 0

Der Besuch im Wildgehege Brück lässt sich prima mit einem Streifzug durch den Wald verbinden, denn um zu dem Gehege zu gelangen, ist zunächst ein kleiner Fußmarsch nötig. Und der lohnt sich, denn im Wildpark gibt es nicht nur Wildschweine, Damwild & Co. zu betrachten, sondern die aufgestellten Bänke und Tische laden auch zu einem Picknick ein. Damit auch die Tiere etwas zu futtern bekommen, kann an Automaten spezielles Tierfutter er-

Tierpark Lindenthal

worben werden. Achtung: Von der Haltestelle Brück Mauspfad sind es ca.
1,5 km zu Fuß bis zum Waldrand!

*Am Wildwechsel, 51109 Köln | Anfahrt: Stadtbahn 1, Haltestelle: Brück Maus-
pfad*

Wildpark Dünnwald *(Dünnwald)*

Für Kinder ab 0
Einen Ausflug wert in jeder Jahreszeit! Hier gibt es Wildschweine, Dam-
und Muffelwild, Ziegen und Wisente in weitläufigen Gehegen, eingebettet
in eine parkähnliche Anlage, die viele Entdeckungen unserer heimischen
Tierwelt ermöglicht. Dazu gehören unter anderem eine Aussichtskanzel
mit direktem Blick auf die Tiere, ein Insektenhotel und viele geschnitzte
Sitzbänke und Skulpturen. Der Wildpark ist jederzeit kostenfrei zugänglich.
Jeden zweiten Mittwoch im Monat findet um 14:00 Uhr eine öffentliche
Führung statt. Führungen für Gruppen nach Vereinbarung mit der Forst-
verwaltung.

*Köln-Dünnwald, Tel. 0221/60 13 07 oder forstrevier-duennwald@netcologne.de.
Dünnwalder Mauspfad | Anfahrt: S11, Haltestelle: Dellbrück, oder Stadtbahn
4, Haltestelle: Leuchterstraße, dann Bus 154, Haltestelle: Wildpark | www.
wildpark-duennwald.de*

Wildpark Dünnwald

Biogarten Thurner Hof *(Dellbrück)*

Für Kinder ab 0

Im östlichsten Winkel Kölns, kurz vor den Toren Bergisch Gladbachs, liegt der VHS-Biogarten Thurner Hof. Das als Rittergut erbaute und später als Guts-hof genutzte Anwesen befindet sich seit gut 100 Jahren im Besitz der Stadt Köln, und die rund 7000 Quadratmeter große Gartenfläche dient heute u.a. als Lehrgarten der Volkshochschule. Neben Bauerngarten und Streuobst-wiese können Besucher auch einen Einblick in die Imkerei erhalten. Öff-nungszeiten: Sa. ab 12:00 und in den Sommermonaten Mi. ab 15:00 Uhr.

Mielenforster Straße 1, 51069 Köln | Anfahrt: Stadtbahn 3, 18, Haltestelle: Dellbrück Hauptstraße | www.biogarten-thurnerhof.de

Finkens Garten *(Rodenkirchen)*

Für Kinder ab 0

Es hat etwas Magisches, von der belebten Straße durch das Holztor in Fin-kens Garten einzutreten. Der Naturerlebnisgarten bringt anhand von ver-schiedenen Themenfeldern Natur näher – und zwar so anschaulich wie kein anderes Medium. Es gibt einen Tastgarten, einen Kletterkreis, ein Baumtele-

Finkens Garten

fon, einen Teich und noch vieles mehr. Jeden zweiten und vierten Sonntag ist in den Monaten März bis November zudem das Bienenhaus geöffnet. Öffnungszeiten: Mo.–Fr. 9:00–16:00, Sa. und So. 10:00–16:00 Uhr, feiertags geschlossen.

Friedrich-Ebert-Straße 49, 50996 Köln, Tel. 0221/2 85 73 64 | Anfahrt: Stadt-bahn 16, Haltestelle: Rodenkirchen, oder Bus 131, Haltestelle: Römerstraße/Konrad-Adenauer-Straße | www.stadt-koeln.de/6/gruen/finkens-garten oder www.foerderverein-finkensgarten.de.

Flora und Botanischer Garten *(Riehl)*

Für Kinder ab 0

Eine Anlage zum Toben, Rennen und wilden Spielen ist dies zwar nicht, dafür aber ein wunderschöner Ort, wo es auch für Kinder viel zu entdecken gibt. Neben ungewöhnlichen und exotischen Pflanzen beeindrucken Kinder vor allem die Themengärten, wie z. B. der Duftgarten, ein Heilpflanzengarten oder eine Farnanlage. Dazu gibt es viele imposante Bäume, Wasserspiele und einen Teich zu bestaunen. Es ist nicht übertrieben, dass die Stadt Köln den Botanischen Garten und die Flora als ein „aufgeschlagenes Lehrbuch der Botanik" bezeichnet. Der sehr engagierte Verein „Freundeskreis Flora Köln" organisiert zudem das ganze Jahr hindurch Vorträge, Ausstellungen und Führungen–auch für Familien. Öffnungszeiten: 8:00 bis Dämmerung, Gewächshäuser: 10:00–18.00, Winter bis 16:00 Uhr

Forstbotanischer Garten

Alter Stammheimer Weg | Anfahrt: Stadtbahn 18 oder Bus 140, Haltestelle: Zoo/Flora, Stadtbahn 16, Haltestelle: Kinderkrankenhaus | www.freundes-kreis-flora-koeln.de

Forstbotanischer Garten und Friedenswald *(Rodenkirchen)*

Für Kinder ab 0

Auch wenn der Name „Forstbotanischer Garten" etwas sperrig klingt: Es handelt sich um einen wunderschönen Garten, der in seinen Ausmaßen eher an einen großzügigen Park erinnert. Das Schönste: Es gibt hier in jeder Jahreszeit etwas zu beobachten und bestaunen, denn irgendwo sprießt oder wuchert es immer. Etwas ganz Besonderes sind die vielen frei laufenden Pfauen im Park sowie der angrenzende Friedenswald. Dort sind typische Bäume aus jedem Land zu bewundern, mit dem Deutschland in den 1980er-Jahren diplomatische Beziehungen pflegte. Öffnungszeiten: Jan., Feb., Nov., Dez.: 9:00–16:00, Mär., Sep., Okt.: 9:00–18:00, Apr., Mai, Jun., Jul., Aug.: 9:00–20:00 Uhr.

Forstbotanischer Garten, Schillingsrotter Straße, 50996 Köln, Tel. 0221/354325 | Anfahrt: Stadtbahn 16, Haltestelle: Rodenkirchen, dann

Kölner Zoo

*10 Min. Fußweg (Ausschilderung folgen) | www.stadt-koeln.de/6/gruen/
forstbotanischer-garten*

Japanischer Garten *(Köln-Flittard/Leverkusen)*

Für Kinder ab 0

Japanische Gartenkunst bestaunen und dabei auf der Kölner Stadtgrenze wandeln ... im Japanischen Garten problemlos möglich. Denn die Stadtgrenze zwischen Köln und Leverkusen läuft mitten durch die Parkanlage. Neben in Japan heimischen Pflanzen sind hier Wasseranlagen, kunstvolle Torbögen, kleine Wasserfälle, Brücken und mehrere traditionell japanische Gebäude zu bewundern. Kein Ort zum Toben, dafür zum Staunen, Erkunden und Fantasieren. Öffnungszeiten: Mai–Sep. 9:00–20:00, Okt.–Apr. 9:00 Uhr bis Einbruch der Dunkelheit.

Kaiser-Wilhelm-Allee, 51373 Leverkusen | Anfahrt: S 6, Haltestelle: Bayerwerk, dann ca. 20 Minuten Fußweg, oder ab Leverkusen Bus 201, 220, 233, 255, Haltestelle: Bayerwerk Tor 2

Kölner Zoo *(Riehl)*

Für Kinder ab 0

Mehr als 10 000 Tiere sind hier zu Hause – und können an 365 Tagen im Jahr besucht werden. Besonders erwähnenswert sind Elefantenpark, Re-

Japanischer Garten

genwaldhaus, Hippodom und Aquarium. Denn die großen Gebäude ermöglichen Zoo-Spaß auch bei schlechtem Wetter. Natürlich gibt es auch einen Spielplatz und mehrere Imbisse. Öffnungszeiten: Sommer (1. März–30. Oktober): 9:00–18:00, Winter: 9:00–17:00 Uhr, Aquarium bis 18:00 Uhr.

Riehler Straße 173, 50735 Köln, Tel. 0221/567 99 100 | Anfahrt: Stadtbahn 18 oder Bus 140, Haltestelle: Zoo/Flora | www.koelnerzoo.de

Erlebnisbauernhof Gertrudenhof *(Hürth)*

Für Kinder ab 0

Der Hof liegt zwar einen Steinwurf hinter der Kölner Stadtgrenze, ist aber gerade bei Kölner Familien ungeheuer beliebt. Hier kann man Tiere füttern, auf Strohballen klettern, Trampolin springen – und leckere Waffeln essen. Zudem gibt es einen weitläufigen Spielplatz und für die Großen einen Hofverkauf mit Spezialitäten vom Land. Ein weiteres Angebot ist der „Schulbauernhof" mit Angeboten für Kindergeburtstage und Ausflüge von Kindergärten oder Schulklassen. Öffnungszeiten: Mo.–Sa.: 8:00–18:30, So. und Fei.: 10:00–18:00 Uhr (Bauernmarkt bis 15:00 Uhr).

Lortzingstraße 160, 50354 Hürth, Tel. 02233/7 28 16 | Anfahrt: Stadtbahn 18, Haltestelle: Hürth-Hermülheim, dann 1,5 km zu Fuß entlang Hans-Böckler-Straße und Horbeller Straße bis Abzweig Lortzingstraße | www.erlebnisbauernhof-gertrudenhof.de

Erlebnisbauernhof Gertrudenhof

Gut Clarenhof *(Frechen)*

Für Kinder ab 1

Spielplatz, Minigolf, Restaurant, Streichelzoo, Hofverkauf – all das und noch mehr bietet der Clarenhof in Frechen, einen Steinwurf von der Kölner Stadtgrenze entfernt. Besonders Stadtkinder werden auf ihre Kosten kommen, denn hier gibt es „Landleben zum Anfassen". Besucher können je nach Saison Erdbeeren selber pflücken, Tulpen und Sonnenblumen schneiden oder einen Weihnachtsbaum selbst schlagen. Im Hofladen gibt es zahlreiche Erzeugnisse aus eigenem ökologischem Anbau. Zudem finden das ganze Jahr hindurch Veranstaltungen statt, wie z.B. das Hoffest (Ende Mai) oder der stimmungsvolle Weihnachtsmarkt mit Lagerfeuer. Hier sind viele Aktivitäten für Kinder kostenlos. Das Restaurant ist sehr gut. Man sollte sich manchmal etwas gönnen, auch wenn es ein klein bisschen teuer ist. Öffnungszeiten Hofladen: Mo.–Fr. 8:30–18:30, Sa. 8:00–18:00, So. 10:00–18:00 Uhr

Gut Clarenhof 1, 50226 Frechen, Tel. 02234/7 32 05 | Anfahrt: Stadtbahn 1, Haltestelle: Weiden-West, oder S 12, S13, Haltestelle: Weiden/West | www. gut-clarenhof.de

Gutshof Bell *(Marsdorf)*

Für Kinder ab 0

Spargel und Erdbeeren – das sind die zwei Spezialgebiete des Gutshof Bell im Kölner Westen. Dass Erdbeerliebhaber die köstlichen roten Früchte hier

Gut Clarenhof

selbst pflücken dürfen, freut besonders Kinder. Doch der Hofladen hält noch viel mehr jahreszeitgemäße Obst- und Gemüsesorten bereit. Im Winter wird das Angebot noch um Weihnachtsbäume und Kaminholz erweitert. Öffnungszeiten: Mo.–Sa. 8:30–18:30, So. und Fei. 9:00–14:00 Uhr.

Horbeller Straße 48, 50858 Köln, Tel. 02234/1 22 11, Fax 02234/2 45 70 | www. beller-spargel.de

Gut Leidenhausen *(Porz-Eil)*

Für Kinder ab 0

Das idyllische Gut Leidenhausen ist ein Ort mit Geschichte. Erbaut wurde das Anwesen im 14. Jahrhundert als Rittergut Leidenhausen. In den folgenden Jahrhunderten fanden zahlreiche Umbauten und eine überwiegend landwirtschaftliche Nutzung statt. 1963 ging das Gut in den Besitz der Stadt Köln über, die das gesamte Gelände zu einem Naherholungsgebiet ausbaute. Aus dieser Zeit stammen auch das noch heute unterhaltene Wildgehege sowie die Greifvogelschutzstation.

Im Mai 2013 ist nach umfangreichen Planungs- und Bauarbeiten neues Leben in die Gemäuer des Gutes eingezogen, das nun den offiziellen Namen „Besucherportal Gut Leidenhausen" trägt. Es ist damit eines von vier Informationszentren, die den Zugang zu den Naturschutzgebieten Wahner Heide und Königsforst ermöglichen. Zu entdecken gibt es im und um das Gut herum einen Abenteuerspielplatz, die Allee der Jahresbäume, ein Obstmuseum, ein wechselndes Veranstaltungsprogramm mit Ausstellungen sowie folgende weitere Highlights:

Gut Leidenhausen: Café Rastplatz

Damit kleinen und großen Besuchern im Wald nicht die Puste ausgeht, hält das Café Rastplatz auf Gut Leidenhausen Kaffee, Kuchen, kalte Getränke und kleine Gerichte zur Stärkung bereit. Öffnungszeiten: 1. Apr.–30. Okt. Mi.–Sa. 12:00–18:00, So. 10:00–18:00 Uhr, 1. Nov.–31. März Mi.–Sa. 12:00–16:00, So. 10:00–17:00 Uhr.

Gut Leidenhausen: Greifvogelschutzstation

Ob Bussard, Turmfalke, Waldkauz oder Schleiereule: Verletzte Greifvögel und Eulen werden in der Greifvogelschutzstation aufgenommen und bei Bedarf tierärztlich behandelt. Im Idealfall können die Tiere nach dem Aufpäppeln die Station wieder verlassen. Einige Tiere jedoch haben hier ihren festen Wohnsitz. Besucher können die Station während der Öffnungszeiten besuchen. Einmal monatlich findet eine Führung statt, Termine unter www. gut-leidenhausen.de. Der Eintritt ist frei. Öffnungszeiten: 1. Apr.–30. Sep. So. und Fei. 10:00–18:00 Uhr, 1. Okt.–31. März 10:00–17:00 Uhr.

Gut Leidenhausen: Haus des Waldes

Wie entstand unser heimischer Wald? Wie „funktioniert" ein Baum? Wie vollzieht sich das Wechselspiel zwischen Pflanzen und Tieren? Und wie steht es eigentlich um die Bedrohung unseres Waldbestandes? Diese und weitere Fragen beantwortet die ansprechend aufbereitete Ausstellung im Naturmuseum Haus des Waldes. Öffnungszeiten: 1. Apr.–30. Sep. So. und Fei. 10:00–18:00 Uhr, 1. Okt.–31. Mär. 10:00–17:00 Uhr. Im Januar geschlossen. Eintritt: Erwachsene 2 Euro, Kinder 1 Euro.

Gut Leidenhausen

Gut Clarenhof

Gut Leidenhausen: Waldschule

Hier geht es um mehr als „nur" Anschauungsunterricht im Wald. Die Wald-
schule vermittelt Schulklassen auf kindgerechte Weise die Wichtigkeit des
Lebensraums Wald und öffnet die Augen für ökologische Zusammenhänge.
Informationen und Anmeldung unter 02203/102 33 76.

*Gut Leidenhausen 1, 51147 Köln, Tel. 02203/357651 | Anfahrt: Bus 151 und 152,
Haltestelle: Eil, Heumarer Straße, dann etwa 20 Minuten Fußweg, Beschilde-
rung „Erholungsgebiet Gut Leidenhausen/Haus des Waldes" folgen | www.
gut-leidenhausen.de oder www.wahnerheide-koenigsforst.de*

Jugendfarm Wilhelmshof e. V. *(Heimersdorf)*

Für Kinder ab 6

Gemeinschaftliches Versorgen der Tiere, Naturerfahrungen sammeln und
Gruppenzusammenhalt erfahren, das ist das Konzept der Jugendfarm Wil-
helmshof. Der Hof funktioniert nach dem Prinzip der „offenen Tür", was be-
deutet, dass jedes Kind/Jugendlicher hier willkommen ist und mitarbeiten
darf. Zudem gibt es auch AGs, Wochenend- und Ferienaktionen. Öffnungszeiten: Di.–Fr. 13:00–19:00, Sa. 14:00–19:00 Uhr.

Bergheimer Weg 27, 50737 Köln, Tel. 0221/599 29 26 | Anfahrt: Stadtbahn 15, Haltestelle: Heimersdorf | www.jugendfarm-wilhelmshof.de

Kalscheurer Weiher *(Zollstock)*

Für Kinder ab 0

Bötchen fahren, Eis essen oder auf den riesigen Wiesen Fußball spielen: Dank eines engagierten Vereins, hervorgegangen aus einer Bürgerinitiative, ist all dies am, im und um den Kalscheurer Weiher und im zugehörigen Biergarten möglich. In unregelmäßigen Abständen finden auch ganz besondere Veranstaltungen statt, wie z. B. das „Offene Singen" am Weiher. Besonders Familien mit Kindern gefällt es hier, denn das ganze Jahr hindurch werden immer wieder liebevoll arrangierte Veranstaltungen organisiert. Dazu gehören beispielsweise der Sankt Martinszug, ein Nikolausfest oder das Eiersammeln an Ostern. Anfahrt aus Richtung Innenstadt: vom Zollstockgürtel aus in den Kalscheurer Weg einbiegen, den Militärring queren und dann nach ca. 10 Metern links auf den Parkplatz einbiegen. Öffnungszeiten Kiosk: je nach Jahreszeit (Angaben bitte Website entnehmen).

Äußerer Grüngürtel | Anfahrt: Stadtbahn 12, Haltestelle: Zollstock Südfriedhof, dann ca. 25 Minuten Fußweg Richtung Militärring | www.kalscheurer-weiher.de

Kalscheurer Weiher

Rennanlage des Gestüts Röttgen

Rennanlage des Gestüts Röttgen *(Porz-Grengel)*

Für Kinder ab 0

In unmittelbarer Nachbarschaft zu Gut Leidenhausen befindet sich eine Trainingsrennstrecke für die edlen Pferde des angrenzenden Gestüts Röttgen. Während das Gestüt selbst für die Öffentlichkeit nicht zugänglich ist, können Spaziergänger im Naturschutzgebiet Leidenhausen mit etwas Glück einen Blick auf die schnellen Pferde erhaschen. In jedem Fall ist allein schon die Rennstrecke einen Umweg–oder einen Spaziergang–wert.

Gut Leidenhausen 1, 51147 Köln | Anfahrt: Bus 151 und 152, Haltestelle: Eil, Heumarer Straße, dann etwa 20 Minuten Fußweg, Beschilderung „Erholungsgebiet Gut Leidenhausen/Haus des Waldes" folgen
www.trainingsquartier-heumar.de

Museen & Kursangebote

1234 Eckstein *(Südstadt)*

Für Kinder ab 0

Sich Bewegen, Spaß haben, gemeinsame Zeit verbringen – und das alles zusammen mit anderen Kindern, in schöner und kindgerechter Umgebung – das ist 1234 Eckstein. Doch auch werdende und frischgebackene Mütter können sich hier entspannen, ihre Fitness auftanken und dabei Gleichgesinnte treffen. Alle Kurse werden von erfahrenen und qualifizierten Fachkräften geleitet, die mit Spaß und Engagement bei der Sache sind.

Bonner Straße 172–176, 50968 Köln, Tel. 0221/16 83 27 00 | Anfahrt: Bus 132, 133, Haltestelle: Marktstraße | www.1234eckstein.com

Festungsmuseum *(Marienburg)*

Für Kinder ab 0

Erst vor wenigen Jahren hat ein eigens gegründeter Verein begonnen, sich der Sanierung des alten Forts („Zwischenwerk VIIIb") zu widmen. Das führt dazu, dass Laien hier noch viele Merkmale einer Baustelle sehen. Doch das Festungsmuseum ist viel mehr als das, denn wenn sich zweimal im Monat die Pforten für das Publikum öffnen, können Interessierte durch eine sehr kompetente und anschauliche Führung viel über die Festungsbauten im Köln des 19. Jahrhunderts erfahren. Sogar die Zugbrücke am Haupteingang des Forts ist noch intakt und wird am Ende des Rundgangs demonstriert. Ein wenig Interesse an historischen Bauten bzw. der Kölner Stadtgeschichte ist hier jedoch Voraussetzung. Achtung: Parkplätze gibt es nur am Park & Ride-Parkplatz Heinrich-Lübke-Ufer. Öffnungszeiten: 14-tägig, jeden ersten Samstag und dritten Sonntag im Monat 12:00–18:00 Uhr.

Militärringstraße 10, 50996 Köln, Tel. 0162/7 39 95 05 | Anfahrt: Stadtbahn 16, Haltestelle: Heinrich-Lübke-Ufer, oder Bus 106, Haltestelle: Marienburg Südpark | http://museum.crifa.de

Kölner Karnevalsmuseum

Fidelio *(Sülz und Marsdorf)*

Für Kinder ab o

Seminarhaus, Familientreff und ein Ort zum Spielen und Wohlfühlen, all das ist Fidelio. Und obendrein gibt es noch ein Café, in dem sich Eltern entspannt zurücklehnen können, während die Kleinen spielen oder toben. Das Kursangebot erstreckt sich von Babymassage für die Allerkleinsten über PE-KIP, Motorik und Spiel, Musikgruppen bis hin zu Indoor-Fußball. Für Mütter werden verschiedene Bewegungskurse veranstaltet, und auch Kindergeburtstage können hier stattfinden. Neben Fidelio in Köln-Sülz gibt es auch das neue Fidelio-Haus in Köln-Marsdorf.

Sülz: Gustavstraße 4, 50937 Köln, Tel. 0221/502 90 63 | Anfahrt: Stadtbahn 18, Haltestelle: Arnulfstraße, oder Stadtbahn 9, Haltestelle: Lindenburg. Marsdorf: Horbeller Straße 2–4, 50858 Köln, Tel. 02234/4 30 77 45 | Anfahrt: Stadtbahn 7, Haltestelle: Marsdorf | www.fidelio-koeln.de

Kölner Karnevalsmuseum *(Braunsfeld)*

Für Kinder ab o

Wer auch jenseits der Karnevalssession ein wenig „jecke Luft" schnuppern will, ist hier genau richtig. Gleichzeitig vermittelt das Museum auch viel Wissenswertes zu den Wurzeln und Hintergründen des Karnevals in aller Welt. An einigen vorher angekündigten Terminen finden zudem Führungen durch das Museum und – Rosenmontagszugfreunde aufgepasst – durch die Wagenbauhallen statt! Öffnungszeiten: Do. 10:00–20:00, Fr. 10:00–17:00, Sa. und So. 11:00–17:00 Uhr.

Maarweg 134–136, 50825 Köln, Tel. 0221/5 74 00 76 | Anfahrt: Stadtbahn 1, Haltestelle: Maarweg, oder Bus 141, 143 Haltestelle: Karnevalsmuseum | www. kk-museum.de

Kölnisches Stadtmuseum *(Innenstadt)*

Für Kinder ab o

Die jahrtausendealte Geschichte Kölns in ein einziges Museum zu packen, ist fast unmöglich. Aber das Stadtmuseum schafft es, mit sehenswerten Ausstellungsstücken einige besonders wichtige Aspekte näher zu beleuchten. Ein spätmittelalterliches Modell der Stadt, eine Ritterrüstung sowie zahlreiche Stücke des „modernen" Köln sind nur einige der Exponate. Zu-

Kölnisches Stadtmuseum

dem gibt es wechselnde Ausstellungen sowie Führungen und Veranstaltungen. Und das Beste: Alle Kölner Kinder haben freien Eintritt ins Museum! Öffnungszeiten: Di. 10:00–20:00, Mi.–So. 10:00–17:00 Uhr

Zeughausstraße 1–3, 50667 Köln, Tel. 0221/221-2 23 98 | Anfahrt: Stadtbahn 5, Haltestelle: Appellhofplatz/Zeughaus, oder 3, 4, Haltestelle: Appellhofplatz/Breite Straße| www.museenkoeln.de/ksm

Museum Ludwig (Innenstadt)

Für Kinder ab 0

Dass Kunst nicht nur für Erwachsene interessant ist und dass es sogar Spaß macht, sich Gemälde und moderne Kunstwerke genau anzuschauen – dafür sorgt das Museum Ludwig mit einem sehr engagierten Kinderprogramm. Neben Familienführungen, einem Ferienprogramm und verschiedenen Mitmach-Workshops für Kinder ab dem Vorschulalter gibt es spezielle Kinder-Audioguides. Besonderer Service: Vor dem Museumsbesuch können Eltern die Audioguides als Datei aus dem Internet downloaden und per MP3-Player bzw. iPod mit ins Museum bringen. So wird der Museumsbesuch zu einer Aktion, an der die ganze Familie beteiligt ist. Öffnungszeiten: Di.–So. 10:00–18:00, 1. Do. im Monat 10:00–22:00 Uhr.

Heinrich-Böll-Platz, 50667 Köln, Tel. 0221/221-26165 | Anfahrt: Stadtbahn 5, 16, 18, Haltestelle: Dom/Hbf. | www.museum-ludwig.de

Pusteblume *(Neu-Ehrenfeld)*

Für Kinder ab 0

Wer Körper und Geist auf unbeschwerte Art und in freundlicher Atmosphäre formen möchte, ist im Pusteblume-Zentrum gut aufgehoben. Das Kursangebot richtet sich an Klein(st)kinder bis hin zu Erwachsenen und ist außerordentlich breit gefächert. Zu den „Standards" für Kinder gehören beispielsweise Ballettkurse, musikalische Früherziehung und verschiedene Baby-Treffs. Zudem finden innerhalb der Veranstaltungsreihe „Kultur im Zentrum" Theatervorstellungen, Ausstellungen und weitere kulturelle Angebote statt. Es lohnt sich, das Programm zu studieren!

Hosterstraße 1-5, 50825 Köln, Tel. 0221/955 93 77 | Anfahrt: Stadtbahn 5, Haltestelle: Lenauplatz | www.pusteblume-online.de

Rautenstrauch-Joest-Museum – Kulturen der Welt
(Innenstadt)

Für Kinder ab 0

Wie leben Menschen in aller Welt? Wie wohnen sie, wie sind sie gekleidet, welche Feste feiern sie, und welchen Religionen gehören sie an? Diesen und vielen anderen Fragen geht das Rautenstrauch-Joest-Museum – Kulturen der Welt in seiner multimedial aufbereiteten Dauerausstellung sowie in wechselnden Sonderausstellungen nach. Zudem gibt es ein umfangreiches kulturelles Rahmenprogramm und für Kinder das Junior Museum. Hier erfahren junge Besucher ab acht Jahren, wie Kinder aus anderen Kulturen leben und aufwachsen. Öffnungszeiten: Di.–So. 10:00–18:00, Do. 10:00–20:00, 1. Do. im Monat 10:00–22:00 Uhr (außer an Feiertagen).

Museum Ludwig

Cäcilienstraße 29–33, 50667 Köln, Tel. 0221/22 13 13 56| Anfahrt: Stadtbahn 1, 3, 4, 9, 16, 18, Haltestelle: Neumarkt, oder Bus 136, 146 | www.museenkoeln. de/rautenstrauch-joest-museum

Rheinisches Industriebahnmuseum *(Longerich)*

Für Kinder ab 0

Zwar ist das Museum nur an wenigen Tagen im Jahr geöffnet, doch diese sollten sich Eisenbahnfreunde gut vormerken. Ein Erlebnis ist schon das Betreten des Museums: Vom Eingang werden Besucher mit einer Kleinbahn abgeholt und in die Ausstellungshallen auf dem Gelände des ehemaligen Bahnbetriebswerks Köln-Nippes gefahren. Dort befinden sich zahlreiche Industriebahnloks, teils aus Kölner Herstellung. Ein sehr engagierter Verein kümmert sich um das Museum und gibt gerne Auskunft über die Ausstellungsstücke. Öffnungszeiten: Ostern bis Oktober, jeweils an einem Sonntag im Monat 11:00–17:00 Uhr (Terminangaben bitte Website entnehmen).

Longericher Straße, 50739 Köln, Achtung: Der Eingang des Museums liegt inmitten der Unterführung. | Anfahrt: Stadtbahn 15, Haltestelle: Longerich, dann ca. 15 Minuten Fußweg | www.rimkoeln.de

Römisch-Germanisches Museum *(Innenstadt)*

Für Kinder ab 5

Ob Trinkgefäß, Büste, Grabmonument oder andere Zeugnisse römischer Geschichte in Köln: Um die Bedeutung dieser archäologischen Schätze zu er-

Rheinisches Industriebahnmuseum

Römisch-Germanisches Museum

kunden und zu begreifen, brauchen vor allem kleinere Kinder sicher etwas Anleitung. Dann aber ist die Faszination garantiert – nicht nur bei ambitionierten Lesern von „Asterix & Obelix". Um Kindern die antiken Kunstschätze und Fundstücke näherzubringen, bietet vor allem der Museumsdienst eine Vielzahl von Veranstaltungen. Darüber hinaus gibt es Bücher, die die Exponate des Museums kindgerecht aufbereitet beschreiben. Besonderer Tipp: Kölner Kinder bis 18 Jahre haben freien Eintritt in die ständige Sammlung. Öffnungszeiten: Di.–So. 10:00–17:00 Uhr

Roncalliplatz 4, 50667 Köln, Tel. 0221/22 12 44 38 und 22 12 45 90 | Anfahrt: Stadtbahn 5, 16, 18, Haltestelle: Dom/Hbf. | www.museenkoeln.de/roemisch-germanisches-museum

Schokoladenmuseum *(Innenstadt)*

Für Kinder ab 0

Ein Museum wie das Schlaraffenland. Sogar einen Schokoladenbrunnen gibt es hier! Daneben beantwortet das Museum viele Fragen rund ums Thema Schokolade und informiert über Geschichte, Herstellung und Vermarktung des „süßen braunen Goldes". Sogar ein Tropenhaus gehört dazu, in dem echte Kakaopflanzen wachsen. Der riesige Museumsshop hält Schokolade in jeder nur erdenklichen Form bereit – und auch das Café bietet diverse Schoko-Köstlichkeiten an. Öffnungszeiten: Di.–Fr. 10:00–18:00, Sa., So., Fei. 11:00–19:00 Uhr. Im Dezember täglich geöffnet.

Am Schokoladenmuseum 1a, 50678 Köln, Tel. 0221/93 18 88-0 | Anfahrt: Bus 132, 133, 106, Haltestelle: Schokoladenmuseum | www.schokoladenmuseum.de

Skulpturenpark Köln *(Riehl)*

Für Kinder ab 0

Der Beweis, dass Kunst nicht immer nur in langweiligen Museumsgebäu-den zu bewundern ist! Denn die hier gezeigten Skulpturen stehen in freier Parklandschaft und können von allen Seiten betrachtet werden. Rundhe-rum gibt es viel Platz, schattige Bäume und ein Parkcafé. Jeden ersten Sonn-tag im Monat findet um 15 Uhr eine öffentliche Führung statt. Der Treff-punkt ist am Parkeingang. Der Besuch des Parks ist kostenlos, die Führungen kosten 8 Euro (Erwachsene), Kinder bis 10 Jahre können kostenlos teilneh-men. Öffnungszeiten: Apr.–Sep. 10:30–19:00, Okt.–Mär. 10:30–17:00 Uhr.

Riehler Straße, 50668 Köln, Tel. 0221/33 66 88 60 (Stiftung Skulpturenpark) Anfahrt: Stadtbahn 16, 18, Haltestelle: Reichenspergerplatz oder Zoo/Flora www.skulpturenparkkoeln.de

Sport- und Olympia-Museum *(Innenstadt)*

Für Kinder ab 0

Ob Sportskanone oder Bewegungsmuffel: Hier ist für jeden etwas Interes-santes zu entdecken. Denn das Sportmuseum ist gezielt so aufbereitet, dass

Straßenbahnmuseum

sich nicht nur Bewegungsexperten hier wohlfühlen. Die Dauerausstellung widmet sich zum einen den geschichtlichen Aspekten des Sports, zum anderen setzt sie einen Schwerpunkt bei Fußball, Radsport und Wintersport. Auch den neuen Trendsportarten ist eine Abteilung gewidmet. Und natürlich: Was wäre ein Sportmuseum, wenn man hier nicht Sportgeräte ausprobieren und sein Können unter Beweis stellen dürfte ... Ein Museum, in dem Kinder und Jugendliche voll auf ihre Kosten kommen! Öffnungszeiten: Di.–Fr. 10:00–18:00, Sa., So., Fei. 11:00–19:00 Uhr.

Im Zollhafen 1, 50678 Köln, Tel. 0221/33 609-0 | Anfahrt: Bus 132, 133, 106, Haltestelle: Schokoladenmuseum. Das Sport- und Olympia-Museum liegt rechts neben dem Schokoladenmuseum | www.sportmuseum.de

Straßenbahnmuseum *(Thielenbruch)*

Für Kinder ab 0

Dieses Museum ist einen Ausflug ins tiefe rechtsrheinische Köln wert–und zwar am besten stilecht mit der Straßenbahn. Denn die entsprechende Haltestelle Thielenbruch ist gleichzeitig der Eingang ins Museum. Drinnen sind einige (teils alte) Straßenbahnen sowie mehrere technische Feinheiten zu bewundern. Auch für Kinder gibt es viel zu entdecken – und viel Platz zum Bewegen gibt es obendrein. Ein wahres Familien-Museum! Öffnungszeiten: März–Dez., jeweils 2. Sonntag im Monat 11:00–17:00 Uhr.

Postanschrift Otto-Kayser-Straße 2c, 51069 Köln, Achtung: Eingang ins Museum: Gemarkenstraße 173, Tel. 0221/2 83 47 71 | Anfahrt: Stadtbahn 18, Haltestelle: Thielenbruch | www.hsk-koeln.de

Tante Astrid *(Neustadt-Nord)*

Für Kinder ab 0

Ob Krabbelkurs, Ballett oder Musikgruppe: Bei Tante Astrid dürften vom Baby bis zum Teenager alle auf ihre Kosten kommen. Das Kursangebot ist sehr breit gefächert und beinhaltet auch außergewöhnliche Kurse wie z. B. Maskentheater oder Puppenbau bzw. -spiel. Für Schwangere und Eltern werden Geburtsvorbereitungskurse, Yoga und weitere Seminare rund um Kind und Familie angeboten. Zudem kann das Tante Astrid für private Feiern wie Taufen oder Kindergeburtstage angemietet werden.

Aachener Straße 48, 50674 Köln, Tel. 0221/222 00 210 | Anfahrt: Stadtbahn 1, 7, Haltestelle: Moltkestraße | www.tante-astrid.de

Schwimmbäder

Agrippabad *(Innenstadt)*

Für Kinder ab 0

Eines der größten Schwimmbäder Kölns – und mit Sicherheit das vielfältigste. Mitten in der Innenstadt vereint das Agrippabad Hallen- und Freibad, Saunalandschaft und Fitnessbereich. Die Badelandschaft im Innenbereich enthält ein großes Schwimmerbecken mit Wellenbetrieb, Sprungbecken, Lehrschwimmbecken, Kleinkind-Plantschbecken und Riesen-Wasserrutsche. Zudem finden im Bad zahlreiche Wassersportkurse statt. Draußen laden ein Solebecken zum Entspannen und ein weiteres Becken (mit Strömungskanal) zum Spielen und Plantschen ein. Zudem gibt es eine Liegewiese und – für die ganz Kleinen – einen Sand-Wasser-Spielplatz! Öffnungszeiten Bad: Mo.–Fr. 6:30–22.30, Sa., So. 9:00–21:00 Uhr, Sauna: Mo.–Fr. 9:00–23:00 Uhr (Mo ist Damentag), Sa., So. 9:00–21:00 Uhr.

Kämmergasse 1, 50676 Köln, Tel. 0221/27 91 73-0 | Anfahrt: Stadtbahn 1, 3, 4, 7, 9, 16, 18, Haltestelle: Neumarkt, Bus 136, 146, Haltestelle: Neumarkt | www. koelnbaeder.de

Aqualand

Aqualand *(Chorweiler)*

Für Kinder ab 0

Hier steht Spaß und Action im Vordergrund. Dafür sorgt vor allem der riesige Rutschenpark. Dort gibt es einige halsbrecherische Rutschenvariationen, wie etwa „Looping-Rutsche", „Crazy River" und „Space Taifun". Für die Kleineren gibt es große Planschbeckenflächen, und die erholungsbedürftigen Erwachsenen können sich in der Erlebnisgrotte entspannen. Auch eine schöne Außenanlage, ein Sauna- und Wellness-Bereich sowie zahlreiche Sport- und Therapieangebote stehen zur Verfügung bzw. können gegen Aufpreis genutzt werden. Öffnungszeiten: Mo.–Do. 9:30–23:00, Fr. 9:30–24:00, Sa. 9:00–24:00, So., Fei. 9:00–23.00 Uhr

Merianstraße 1, 50765 Köln, Tel. 0221/70 28-0 | Anfahrt: Stadtbahn 15 oder S 11, Haltestelle: Chorweiler | www.aqualand.de

Höhenbergbad *(Höhenberg)*

Für Kinder ab 0

Im modernen Kombibad mit Dünenlandschaft im Außenbereich gibt es viele Möglichkeiten, sich sportlich zu betätigen und sich zu erholen – in der Halle oder an der frischen Luft: 25-Meter-Becken, Vier-Jahreszeiten-Becken (innen und außen) mit Strömungskanal, Massagedüsen und Sprudelliegen sowie eine 65-Meter-Wildwasserrutsche. Die kleinen Wasserratten vergnügen sich im Hallenplantschbecken, im Außen-Kinderplantschbecken mit Animationstieren oder auf dem Sand-Matsch-Spielplatz. Öffnungszeiten: Mo.–Fr. 6:30–22:00, Sa., So. 9:00–21:00 Uhr.

Schwarzburger Straße 4, Tel. 0221/27 91 81-0 | Anfahrt: Stadtbahn 1, Haltestelle: Fuldaer Straße, oder Bus 153, Haltestelle: Fuldaer Straße | www.koelnbaeder.de

Lentpark *(Nippes)*

Für Kinder ab 0

Der Lentpark ist eine multifunktionale Freizeitanlage, unter anderem mit einem spektakulären Eisbereich. Während im Erdgeschoss das Hallenbad und eine Eisfläche untergebracht sind, befindet sich in der oberen Etage eine Eislaufbahn, die um das gesamte Gebäude herumläuft. Außerhalb des Gebäudes schließt sich ein Naturbadeteich an, der in den Sommermonaten besonders Familien und Kinder anzieht. Seit November 2012 gibt eine abwechslungsreiche Saunalandschaft im Innen- und Außenbereich der neuen Freizeitstätte Lentpark den letzten Schliff. Öffnungszeiten: Di. 16:00–22:00, Mi.–Fr. 6:30–22:00, Sa., So. 9:00–21:00 Uhr, Freibad: Di.–Fr. 10:00–20:00, Sa., So. 9:00–20:00, Sauna: Mo.–Fr. 10:00–22:00, Sa., So. 9:00–21:00 Uhr (Do ist Damentag).

Lentstraße 30, 50668 Köln, Tel. 0221/27 91 80 10 | Anfahrt: Stadtbahn 12, 15 Haltestelle: Lohsestraße oder Stadtbahn 16, 18, Haltestelle: Reichensperger-platz | www.koelnbaeder.de

Ossendorfbad *(Ossendorf)*

Für Kinder ab 0

Eine schöne Alternative zu den großen Bädern im Zentrum. Das Bad ist ausgestattet mit Schwimmer- und Nichtschwimmerbecken, Kleinkindbereich, Rutsche sowie einem Außenbereich. Auch eine Saunalandschaft und ein Fitnessbereich gehören zur Ausstattung. Als besonderes Angebot gibt es hier zu bestimmten Zeiten sogar eine Kinderbetreuung! Öffnungszeiten Bad: Mo., Di., Do., Fr. 6:30–22:00, Mi. 6.30–8:00, Sa., So. 9:00–21:00 Uhr, Sauna: Mo.–Fr. 10:00–22:00 Uhr (Mi ist Damentag), Sa., So. 9:00–21:00 Uhr.

Canyon Chorweiler

Äußere Kanalstraße 191, 50827 Köln, Tel. 0221/27 91 70 10 | Anfahrt: Stadtbahn 5, Haltestelle: Iltisstraße | www.koelnbaeder.de

Stadionbad *(Müngersdorf)*

Für Kinder ab 0

Seinen Namen hat das größte Freibad Kölns von der unmittelbaren Nachbarschaft zum Rhein Energie Stadion. Aber auch das Schwimmbad selbst hat wettkampfreife Ausmaße. Für Streckenschwimmer geeignet ist die 50-m-Bahn. Kinder haben sicher den größten Spaß in den Nichtschwimmer- und Planschbecken sowie auf der Wasserrutsche. Eingebettet ist alles in ein riesiges Parkgelände. Bei schlechterem Wetter oder im Herbst/Winter bietet sich der Besuch des angeschlossenen Hallenbades an. Auch hier kann man Bahnen ziehen, planschen und spielen. Zudem gibt es Schwimm- und Wasserkurse sowie eine Sauna. Öffnungszeiten: Mo., Mi., Fr. 6:30–21.30, Sa., So. 9:00–21:00 Uhr, Freibad: Mo.–Fr. 10:00–20:00, Sa., So. 9:00–20:00 Uhr, Sauna: Mo.–Fr. 10:00–21.30, Sa., So. 9:00–21:00 Uhr (Di ist Damentag).

Olympiaweg 20, 50933 Köln, Tel. 0221/27 91 84-0 | Anfahrt: Stadtbahn 1, Haltestelle: RheinEnergieStadion oder Alter Militärring | www.koelnbaeder.de

Zollstockbad *(Zollstock)*

Für Kinder ab 0

Im Kölner Süden lockt seit Februar 2012 das generalmodernisierte Zollstockbad die Badegäste, die nun ihre Bahnen im 25-m-Becken in der Badelandschaft oder im Sommer im Außenbecken mit Breitrutsche ziehen können. Besonders die Kinder können sich im Zollstockbad so richtig austoben. So stehen neben einem separaten Sprungbecken mit 1- und 3-m-Sprungbrett, ein Lehrschwimmbecken, jeweils ein Kinderplanschbecken innen und außen, ein Sand-Wasser-Spielplatz und eine Beachvolleyball-Anlage zur Verfügung. Im Sommer können sich die Badegäste auf der Liegewiese entspannen und eine der Grillstellen nutzen. Den ganzjährigen Badespaß garantiert das neue Vierjahreszeitenbecken. Besonders komfortabel: Es gibt einen separaten Eltern-Kind-Raum mit Toilette und Wickelkommode. Öffnungszeiten: Mo., Mi., Fr. 6:30–22:00, Sa., So. 9:00–21:00 Uhr.

Raderthalgürtel 8–10, 50968 Köln, Tel.: 0221/27 91 82-0 | Anfahrt: Stadtbahn 12 bzw. Bus 131, Haltestelle: Zollstockgürtel, oder Bus 130, Haltestelle: Leichweg www.koelnbaeder.de

Golf spielen auf Gut Clarenhof

Zündorfbad *(Porz-Zündorf)*

Für Kinder ab 0

Ob Schwimmen, Plantschen, Toben oder Entspannen: Im großzügigen Zündorfbad ist das alles möglich – und zwar sowohl in der Schwimmhalle, als auch im Außenbereich. Für Kinder besonders interessant dürften die Wildwasserrutsche und der Sand-Wasser-Spielplatz sein. Zudem gibt es auf dem großen Außengelände noch ein Volleyballfeld und Tischtennisplatten. Kurzum: alles für einen schönen Tag, ob im Sommer oder Winter. Öffnungszeiten Bad: Mo.–Fr. 6:30–22:00, Sa., So. 9:00–21:00 Uhr, Außenbecken: Mo.–Fr. 6:30–20:00, Sa., So. 9:00–20:00 Uhr, Sauna: Mo.–Fr: 10:00–22:00 Uhr (Do ist Damentag), Sa.–So. 9:00–21:00 Uhr.

Groov/Trankgasse, 51143 Köln, Tel. 02203/1 83 53-0 | Anfahrt: Stadtbahn 7, Haltestelle: Zündorf, dann Bus 164, Haltestelle: Zündorf/Kirche | www. koelnbaeder.de

Sportanlagen & Spaß

Canyon Chorweiler *(Chorweiler)*

Für Kinder ab 4

Unter dem Dach das Canyon befinden sich gleich mehrere spannende Einrichtungen: Kletterhalle, Hochseilgarten, Räume für Musik, Tanz und Zirkus sowie ein Bistro. Für Einsteiger werden Kletterkurse angeboten. Wer schon geübt ist, kann die Wände, Türme und Überhänge im Canyon auch alleine erklimmen. Es gibt viel Platz und mehrere separate Bereiche, sodass sich Gruppen und einzeln Kletternde nicht in die Quere kommen. Öffnungszeiten: Mo.–So. 10:00–23:00 Uhr.

Weichselring 6a, 50765 Köln, Tel. 0221/53 43 510 | Anfahrt: S 11, Haltestelle: Chorweiler-Nord | www.canyon-chorweiler.de

Golf spielen auf Gut Clarenhof *(Frechen)*

Für Kinder ab 3

Neben Hofverkauf, Restaurant und Streichelzoo gibt es auf dem Gut Clarenhof noch eine Besonderheit: Golfspielen ohne Clubmitgliedschaft, unter dem Motto „Golfen für Jedermann". Es gibt sowohl Schnupperkurse als auch Kurse zur Platzreife. Anfänger wie auch erfahrene Golfer sind herzlich willkommen. Kinder und Jugendliche können auf der Anlage die Golfabzeichen Bronze, Silber und Gold erwerben. Öffnungszeiten: Mo.–So. 9:00–19:00, Mi. 9:00–21:00 Uhr

Konzept Golf GmbH auf Gut Clarenhof Nr. 13, 50226 Frechen, Tel. 02234/94 34 34 | Anfahrt: Stadtbahn 1, Haltestelle: Weiden-West, oder S 12, S13, Haltestelle: Weiden/West | www.konzept-golf.com

Jackelino Safari *(Godorf)*

Für Kinder ab 0

Auch im Kölner Süden gibt es ein Indoor-Spieleparadies für bewegungshungrige Kinder. Eines der Highlights ist hier das gigantische Klettergerüst

Jackelino Safari

mit einem Labyrinth aus Krabbeltunneln, Rutschen, verwinkelten Gängen, Bällchenbad und vielem mehr. Doch auch Indoor-Fußballspielen, Klettern an Kletterwänden, Trampolinspringen und das Bezwingen verschiedenster Geschicklichkeitsspielanlagen ist hier möglich. Für Erwachsene gibt es zahlreiche Sitzmöglichkeiten, und auch für die kleine Stärkung zwischendurch ist in Form eines Kiosks gesorgt. Öffnungszeiten: Mo.–Fr. 14:00–19:00, Sa., So., Fei. und in den NRW-Ferien 10:30–19:00 Uhr.

Otto-Hahn-Straße 6–8, 50997 Köln, Tel. 02236/881822-2 | Anfahrt: Bus 135, Haltestelle: Otto-Hahn-Straße | www.jackelino-safari.de

Kartcenter Cologne *(Rodenkirchen)*

Für Kinder ab 1,45 m Körpergröße
Sich einmal wie Schumi fühlen – und richtig Vollgas geben? Kein Problem auf der Kartbahn im Kölner Süden. Zwingende Voraussetzung für Kinder und Jugendliche ist eine Körpergröße von mindestens 1,45 m. Sofern auf der Kartbahn nicht gerade Rennen stattfinden (und es nicht allzu voll ist), kümmern sich die Mitarbeiter der Kartbahn gerne um den Rennfahrer-Nachwuchs. Öffnungszeiten: Mo. 14:00–22:00, Di.–Fr. 14:00–23:00, Sa. 12:00–23:00, So. 10:00–22:00, Fei. 12:00–22:00 Uhr.

Kelvinstraße 5–7, 50996 Köln, 02236/87 88 88 | www.kartcenter-cologne.de

Okidoki-Kinderland

Kletterfabrik Ehrenfeld *(Ehrenfeld)*

Für Kinder ab 4

Hier gibt es einen prallen Kursplan mit Kletterangeboten für alle Altersklassen. Neben dem Erlernen einiger Grundfertigkeiten stehen vor allem bei den Kursen für die ganz Kleinen der Spaß an der Bewegung und die Entwicklung eines Grundvertrauens in die eigenen motorischen Fähigkeiten im Vordergrund. Auch ein Familien-Kletterkurs ist im Angebot. Öffnungszeiten: Mo.–Fr. 9:30–23:30, Sa. und So. 10:00–22:00 Uhr.

Oskar-Jäger-Straße 173, 50825 Köln, Tel. 0221/50 05 50 05 | Anfahrt: Stadtbahn 3, 4, 13, Haltestelle: Venloer Straße/Gürtel | www.kletterfabrik-koeln.de

Move Artistic Dome *(Vogelsang)*

Für Kinder ab 6

Schon mal von Freerunning gehört? Oder Parkour? Oder vielleicht von Slackline oder von Tricking? Nein? Dann wird es Zeit, diese Trendsportarten kennenzulernen und auszuprobieren. Der beste Ort hierfür ist in Köln der Move Artistic Dome. Es gibt sowohl einen festen Kursplan, als auch freie Trainingszeiten. Eine großartige Gelegenheit, sich richtig auszupowern – oder aber Neues zu lernen und Fitness, Koordination und Motorik zu schulen. Öffnungszeiten: Freie Trainingszeit Mo.–Fr. 17:00–21:00, Sa. 13:00–18:00 Uhr, Training mit Anleitung siehe Website für genaue Zeiten.

Girlitzweg 30, 50829 Köln, Tel. 0221/9 33 33 70 | Anfahrt: Bus 141, Haltestelle: Technologiepark | www.mad-cologne.com

Okidoki-Kinderland *(Gremberghoven)*

Für Kinder ab dem Krabbelalter

Spaß und Bewegung garantiert: In der ca. 2000 m² großen Halle des Indoor-Spielplatzes befinden sich Attraktionen wie Kletterturm, Rutschen, Hüpfburgen, Trampoline und ein Kleinkindbereich. Der ideale Ort, um sich auch bei schlechtem Wetter mal richtig zu verausgaben. Öffnungszeiten: Mo.–Fr. 14:00–19:00, Sa., So., Fei. und in den Schulferien 10:00–19:00 Uhr.

Hansestraße 74–76, 51149 Köln, Tel. 02203/1 01 19 03 | Anfahrt: Bus 151, Haltestelle: Welserstraße | www.okidoki-koeln.de

Playa in Cologne *(Junkersdorf)*

Für Kinder ab 0

Eine sportlichere Adresse gibt es kaum: Das Playa liegt unmittelbar neben dem RheinEnergieStadion, gegenüber der Jahnwiese. Im Sommer können Beach-Freunde hier stundenweise Beach-Ballspielflächen anbieten oder sich im Biergarten entspannen, im Winter gibt es entweder eine Eislaufbahn oder andere winterliche Sportangebote sowie ein „Winterdorf" mit Skihüttencharme. Damit auch Kinder schon Spaß an Ballspielen haben, gibt es eine „Ballschule" für Kinder von fünf bis acht Jahren. Aktuelle Öffnungszeiten bitte der Website entnehmen.

Junkersdorfer Straße (in Höhe RheinEnergieStadion Westseite), 50933 Köln, Tel. 0221/50 05 56-0 | Anfahrt: Stadtbahn 1, Haltestelle: RheinEnergieStadion www.playa.de

Silly Billy *(Lövenich)*

Für Kinder ab 2

Knallbunt und trubelig geht es in diesem Indoor-Spielplatz zu, denn das Silly Billy ist der ideale Ort, um sich richtig auszutoben. Hierfür gibt es Rutschentürme, Trampolinlandschaften, Hüpfburgen, eine Kletterwand und noch vieles mehr. Kleinkinder können sich in einem separaten Bereich sicher

Silly Billy

bewegen. Zur Stärkung gibt es ein Bistro, und auch Kindergeburtstag lässt sich hier hervorragend feiern. Öffnungszeiten: Mo.–Fr. 14:00–19:00, Sa., So., Fei. 10:00–19:00, in den Schulferien 11:00–19:00 Uhr.

Ottostraße 14, 50859 Köln, Tel. 02234/94 44 28 | Anfahrt: Bus 144, Haltestelle: Dieselstraße | www.silly-billy.org

Skate Plaza Kap686 im Rheinauhafen *(Neustadt-Süd)*

Für Kinder ab 6

Bei schönem Wetter versammelt sich hier auf rund 2000 m² jeder, der in Sachen Skaten etwas auf sich hält. Nicht selten bei entsprechendem Publikum, denn die Anlage liegt am Südende des belebten Rheinauhafens, einen Steinwurf von der Südbrücke entfernt. Öffnungszeiten: jederzeit frei zugänglich.

Kap am Südkai | Anfahrt: Stadtbahn 15, Haltestelle: Ubierring, oder 16, Haltestelle: Schönhauser Straße | www.stadt-koeln.de/2/kind-jugend/08671

Skaten und Radeln auf der Kitschburger Straße *(Lindenthal)*

Für Kinder ab 0

Die Kitschburger Straße verläuft quer durch den Stadtwald und verbindet die Stadtteile Lindenthal und Braunsfeld. Während die Straße an Werktagen meist sehr stark befahren ist, verwandelt sie sich feiertags und an Wochenenden in eine Fahrrad-, Inliner und Skater-Meile. Denn von freitags abends bis sonntags ist sie für den Autoverkehr gesperrt.

Kitschburger Straße, 50935 Köln | Anfahrt: Stadtbahn 7, 13, Haltestelle: Dürener Straße/Gürtel, oder Stadtbahn 7, Haltestelle: Brahmsstraße

Skatepark North Brigade *(Weidenpesch)*

Für Kinder ab 12 (bzw. ab 6, je nach Kurs)

Der Skatepark – der größte seiner Art in Europa – ist Bestandteil der Bezirkssportanlage Köln-Weidenpesch und bietet jede Menge Trainingsflächen für Skater, Scooter und BMX-Fahrer. Zudem werden hier auch verschiedenste Kurse in Sachen Skaten und BMX angeboten. Das Tragen von Schutzkleidung ist für Jugendliche bis 18 Jahre Pflicht, bei älteren Besuchern wird die Schutzkleidung empfohlen. Der Eintritt beträgt 3 Euro, Zuschauer dürfen kostenlos rein. Öffnungszeiten: Mo.–So. 14:00–20:00 Uhr bzw. im Winter bis Einbruch der Dunkelheit. Bei schlechtem Wetter geschlossen.

Scheibenstraße 13a, 50737 Köln, Tel. 0221/74 32 95 | Anfahrt: Stadtbahn 12, 15, Haltestelle: Scheibenstraße | www.northbrigade.de

Skateranlage Lohserampe *(Nippes)*

Für Kinder ab 6

Beliebte Rampenanlage mit zwei großen Fahrflächen im Inneren Grüngürtel. 2012 wurde die Anlage restauriert bzw. neu aufgebaut. Die Rampe liegt in einer kleinen Mulde im Grünstreifen, sodass Zuschauer rundherum einen guten Blick auf die Skater haben. Öffnungszeiten: jederzeit frei zugänglich.

Grüngürtel, Ecke Neusser Straße/Innere Kanalstraße | Anfahrt: Stadtbahn 12, 15, Haltestelle: Lohsestraße | www.lohserampe.de

Soccerworld Sports *(Lövenich)*

Für Kinder ab 3

Das Problem ist bekannt: Unbändige Lust auf Fußball, aber draußen regnet es seit Tagen, es ist kalt und es wird obendrein viel zu früh dunkel. Eine prima Lösung ist die Hallenfußball-Anlage Soccerworld Sports, denn hier können Fußballkids bei jedem Wetter kicken. Gespielt wird auf insgesamt elf Kleinspielfeldern (32 x 15 Meter), die sich für Teams von fünf Personen (bzw. sechs Personen bei Kinderteams) eignen, oder auf den etwas kleineren sogenannten Speed Soccer Courts. Besonders beliebt bei Kindern: eine Geburtstagsfeier in der Soccerworld.

Ottostraße 7, 50859 Köln, Tel. 022 34/98 84 88 | Anfahrt: S 12, Haltestelle: Lövenich, dann Bus 144, Haltestelle: Dieselstraße. Oder Stadtbahn 1, Haltestelle: Junkersdorf, dann Bus 144, Haltestelle: Dieselstraße | www.soccerworldsports.de

Spielaffe Kinderland *(Porz-Urbach)*

Wenn das Kinderzimmer zu klein wird oder die eigenen Spielsachen zu langweilig, könnte ein Ausflug ins Spielaffe Kinderland interessant werden. Denn hier ist alles auf das Spielen und Toben von Null- bis Fünfjährigen ausgerichtet. Neben einer großen Tobefläche gibt es zudem Brettspielangebote und mehrere PCs bzw. eine Nintendo Wii. In einem separaten Raum können Geburtstage gefeiert werden. Für Groß und Klein sind mehrere Getränke und kleinere Snacks im Angebot. Öffnungszeiten: Di.–So. 10:00–19:00 Uhr, Mo. Ruhetag.

Kaiserstraße 88, 51145 Köln, Tel. 02203/1 86 66 66 | Anfahrt: Bus 151, 152, 161, 165, 166, Haltestelle: Feuerwache | www.spielaffe-kinderland.de

West Bowling *(Ehrenfeld)*

Für Kinder ab 3

Mit 20 Bowlingbahnen, zahlreichen Billard- und Snooker-Tischen sowie Dart- und anderen Spielautomaten ist das West Bowling Kölns größte Bowling-Halle. Für Schüler und Studenten gibt es gezielte Gruppenpakete, Familien können jeden Sonntag beim Familienbowling ihre Zielsicherheit unter Beweis stellen (nach vorheriger Anmeldung). Öffnungszeiten: Mo.–Do. 12:00–00:00, Fr.–So. 12:00–02:00 Uhr.

Kunst der Jungen Wilden

Melatengürtel 21, 50933 Köln, Tel. 0221/95 42 44 11 | Anfahrt: Stadtbahn 13, Haltestelle: Oskar-Jäger-Straße/Gürtel, oder Stadtbahn 1, 7, Haltestelle: Aachener Straße/Gürtel | www.westbowling.de

Besichtigungen & Einblicke

Aussichtsplattform KölnTriangle Panorama

Für Kinder ab 0

Ohne Zweifel: Hier bekommen Besucher einen der schönsten Ausblicke auf den Dom und den Rest der Stadt – und zwar ganz bequem, mit dem Aufzug. Auf rechtsrheinischer Seite exakt gegenüber dem Dom befindet sich das KölnTriangle, im Volksmund auch LVR-Hochhaus genannt. In der 29. Etage liegt die Aussichtsplattform, die dank hoher gläserner Brüstung auch für den Besuch mit Kleinkindern geeignet ist. Für Kinder bis zwölf Jahre ist der

Gotik in Vollendung: der Kölner Dom

Eintritt frei, Erwachsene und Jugendliche zahlen 3 Euro. Öffnungszeiten: Winter (01.10.–30.04.) Mo.–Fr. 12:00–18:00, Sa., So., Fei. 10:00–18:00 Uhr, Sommer (01.05.–30.09.) Mo.–Fr. 11:00–22:00, Sa., So., Fei. 10:00–22:00 Uhr.

Ottoplatz 1, 50679 Köln, Tel. 0221/35 50 04-100 | Anfahrt: Stadtbahn 1, 3, 4, 9, Haltestelle: Bhf. Deutz/Messe | www.koelntrianglepanorama.de

Kölner Dom *(Innenstadt)*

Für Kinder ab 0

Der Kölner Dom – eine Welt für sich. Es gibt zahllose Ecken und Winkel zu erkunden und Details zu entdecken, zudem finden Messen, Konzerte und andere kirchliche Veranstaltungen statt. Um einen ersten Eindruck zu bekommen, empfiehlt es sich, einfach hineinzugehen und das gewaltige Bauwerk auf sich wirken zu lassen. Die Domschweizer in den roten Gewändern erläutern bei Nachfrage das eine oder andere Detail. Das Domforum veranstaltet darüber hinaus Domführungen für Kinder und Familien. Öffnungszeiten des Doms: 6:00–19:30, im Sommer bis 21:00 Uhr (Besichtigen während der Messen nur eingeschränkt möglich).

Fantastische Aussicht vom Domturm

Domkloster 4, 50667 Köln | Anfahrt: Stadtbahn 5, 16, 18, Haltestelle: Dom/ Hbf. | www.koelner-dom.de bzw. www.dom-fuer-kinder.de oder www. koelner-dommusik.de

Domkonzerte *(Innenstadt)*

Für Kinder ab 0

Ob Orgelkonzert oder Orchester- bzw. Chorauftritte: Musik im Dom zu erleben, ist etwas ganz Besonderes. Es lohnt sich, das Programm der Kölner Dommusik zu betrachten, es bietet das ganze Jahr hindurch verschiedene Aufführungen.

Domkloster 4, 50667 Köln | Anfahrt: Stadtbahn 5, 16, 18, Haltestelle: Dom/ Hbf. | www.koelner-dommusik.de

Domschatzkammer *(Innenstadt)*

Für Kinder ab 0

Der Eingang zur Domschatzkammer befindet sich an der Nordseite des Kölner Doms: ein Kubus aus schwarzen Bronzeplatten, mit einer goldenen Stele als Wegweiser. Die Schatzkammer selbst liegt in Kellergewölben aus dem 13. Jahrhundert, die interessante Einblicke in das Fundament des Doms geben. Zu sehen sind in der Schatzkammer in erster Linie liturgische Gegenstände, Reliquienbehälter, kostbare Handschriften und Gewänder. Öffnungszeiten: Mo.–So. ganzjährig 10:00–18:00 Uhr.

Domkloster 4, 50667 Köln, Tel. 0221/17940-530 | Anfahrt: Stadtbahn 5, 16, 18,
Haltestelle: Dom/Hbf | www.domschatzkammer-koeln.de

Turmbesteigung des Doms *(Innenstadt)*

Für Kinder ab 6
Jeder der sich hierfür fit genug fühlt, sollte die 533 Stufen des Kölner Doms
einmal erklommen haben. Denn es ist eine großartige Gelegenheit, einen
Eindruck von seiner Größe zu bekommen. Darüber hinaus ist der Ausblick
von ganz oben spektakulär. Ein gewisses Maß an Schwindelfreiheit ist aller-
dings nötig! Der Eingang zur Dombesteigung befindet sich außen, rechts
neben dem Haupteingang. Erwachsene zahlen 3 Euro, Ermäßigte 1,50 Euro,
eine Familienkarte kostet 6 Euro. Es gibt zudem Kombitickets, die auch den
Besuch der Domschatzkammer beinhalten. Öffnungszeiten: Jan.–Feb.
9:00–16:00, Mär.–Apr. 9:00–17:00, Mai–Sep. 9:00–18:00, Okt. 9:00–17:00,
Nov.–Dez. 9:00–16:00 Uhr.

Domkloster 4, 50667 Köln | Anfahrt: Stadtbahn 5, 16, 18, Haltestelle: Dom/
Hbf. | www.koelner-dom.de

Fort X *(Nippes)*

Für Kinder ab 0
Unter den zahlreichen Befestigungsanlagen, die in Köln unter preußischer
Verwaltung im 19. Jahrhundert entstanden und sich ringförmig um die

Fort X

RheinEnergieStadion

Stadt ziehen, ist das Fort X eines der am besten erhaltenen. Zwar wird das Innere des Gebäudes von verschiedenen Vereine genutzt und ist daher nicht begehbar, doch das „Drumherum" ist ein hervorragender Ort zum Spielen, Toben oder Ausruhen. Seitlich der Außenmauern befindet sich ein großer Spielplatz. Auf dem Dach des Forts, begehbar durch einen Aufgang am Seitenflügel, befindet sich ein idyllischer Rosengarten. Rund um das Bauwerk sind schattige Liegewiesen, und im Sommer ist die Anlage ein beliebter Treffpunkt, gerade auch für Familien mit Kindern. Öffnungszeiten Rosengarten: Mo.–Fr. 7:00–20:00, Sa., So., Fei. 9:00–20:00 Uhr.

Neusser Wall 33, 50670 Köln | Anfahrt: Stadtbahn 12, 15, Haltestelle: Lohse-straße

Geißbockheim und RheinEnergieSportpark

Für Kinder ab 0

Einmal dem 1. FC Köln beim Training zuschauen? Im Geißbockheim „FC-Luft" schnuppern? Im FC-Fanshop stöbern? All dies ist möglich im RheinEnergie-Sportpark rund ums Geißbockheim. Zudem sind hier noch das Franz-Kremer-Stadion (Spielstätte der U21, der FC-Frauenmannschaft sowie der FC-Jugend) sowie einige weitere (Kunst-)Rasenplätze zu bestaunen. Die Trainingszeiten der FC-Profis am Geißbockheim können der FC-Website entnommen werden. Öffnungszeiten Fanshop: Mo.–Fr. 10:00–18:00, Sa. 10:00–14:00 Uhr.

*Franz-Kremer-Allee 1–3, 50937 Köln, Tel. 0221/260 11 221| Anfahrt: Stadtbahn
18, Haltestelle: Klettenbergpark, dann ca. 10 Min. Fußweg. | www.geissbock-
heim-fckoeln.de bzw. www.fc-koeln.de*

Köln Bonn Airport Besucherterrassen *(Porz-Wahn)*

Für Kinder ab 0

Im Terminal 1 des Flughafens befinden sich die zwei Besucherterrassen,
und zwar im „Stern" (Bereich) B und C. Von hier aus haben Besucher einen
direkten Blick auf die Start- und Landebahn und können das Gewimmel
auf dem Vorfeld bequem von oben betrachten. Der Eintritt ist frei. Faszi-
nierend, nicht nur für Flugzeugliebhaber! Öffnungszeiten: täglich 6:30–
22:00 Uhr.

*Heinrich-Steinmann-Straße 12, 51147 Köln, Tel. 02203/40-4001 | Anfahrt: S 13
oder Bus 161, Haltestelle Köln/Bonn Flughafen | www.koeln-bonn-airport.de*

Köln Bonn Airport Führungen *(Porz-Wahn)*

Für Kinder ab dem Vorschulalter

Wer nicht nur Flugzeuge von der Besucherterrasse aus anschauen, sondern
den Flughafen genauer kennenlernen möchte, sollte an einer Führung teilnehmen. Dort erfahren interessierte Besucher, wie es hinter den Kulissen
des Airports zugeht. Die Führungen finden für Gruppen ab zehn Personen

Köln Bonn Airport Besucherterrassen

Lanxess Arena

statt, daher ist es ratsam, vorher in Erfahrung zu bringen, welche Termine verfügbar sind. Auf der Website können Besucher dies einsehen und auch buchen. Zeitpunkt der Führungen: Mo.–Fr. jeweils 10:00, 11:45, 13:30 und 15:15 Uhr . Dauer ca. 1 1/2 Stunden, Teilnahme nur nach vorheriger Anmeldung.

Heinrich-Steinmann-Straße 12, 51147 Köln, Tel. 2203/40-43 88 und 40-43 89 Anfahrt: S 13 oder Bus 161, Haltestelle Köln/Bonn Flughafen | www.koeln-bonn-airport.de/besucherdienst

Führung Lanxess Arena *(Deuz)*

Für Kinder ab 0

Wer sich schon immer dafür interessiert hat, wie es hinter den Kulissen einer riesigen Showbühne zugeht, sollte an einer Führung durch die Lanxess-Arena teilnehmen. Hier bekommen Gäste die Trakte der Großveranstaltungshalle zu sehen, die sonst strikt abgesperrt sind: Künstlergarderoben, VIP-Logen etc. Es gibt mehrere Termine für öffentliche Führungen sowie die Möglichkeit, als Gruppe eine Führung „außer der Reihe" zu buchen. Mehr Infos sowie Buchung: Arena Management, siehe unten.

Willy-Brandt-Platz 2, 50679 Köln, Tel. 0221/8020 | Anfahrt: Stadtbahn 1, 3, 4, 9, Haltestelle: Bhf. Deutz/Messe bzw. Bahnhof Deutz/Lanxess Arena | www. lanxess-arena.de

Odysseum *(Kalk)*

Für Kinder ab 3

Naturwissenschaften, Technik und physikalische Phänomene zum Anfassen, Mitmachen und Staunen bietet das Odysseum. Dabei drehen sich die Mitmach-Angebote in erster Linie um die Themenbereiche Leben, Erde und Cyberspace. Damit neben dem Entdecken auch das ausgelassene Spielen nicht zu kurz kommt, gibt es einen großen Außenbereich mit Klettermöglichkeiten und Spielgeräten. Zudem bietet das Odysseum wechselnde Schwerpunktthemen und bereitet seinen Ausstellungsbereich immer dementsprechend auf. Öffnungszeiten: Di.–Fr. 9:00–18:00, Sa., So., Fei., Schulferien 10:00–19:00 Uhr.

Corintostraße 1, 51103 Köln, Tel. 0221/69 06 82 00 | Anfahrt: Stadtbahn 1, 9, Haltestelle: Kalk-Post, oder S 12, S 13, Haltestelle: Trimbornstraße | www.odysseum.de

Planetarium Blücherstraße *(Nippes)*

Für Kinder ab 6 (bzw. je nach Veranstaltung)

Es begann in den 1960er-Jahren mit einer Astronomie AG und ist nun stadtweit bekannt: das Planetarium und die Sternwarte Blücherstraße. Durch zwei Kuppeln auf den Dächern des Gymnasiums blicken heute Sterneninte-

Odysseum

RheinEnergieStadion

ressierte in den Himmel und übertragen das Gesehene ins Planetarium im Keller der Schule. Dort finden auch Veranstaltungen zu verschiedensten astronomischen Themen statt–die meisten sind für Kinder aufbereitet. Termine und Themen der Veranstaltungen werden auf der Website bekanntgegeben.

Blücherstraße 15–17, 50733 Köln, Tel. 0221/71 66 14 2 | Anfahrt: Stadtbahn 12, 15, Haltestelle: Florastraße | www.koelner-planetarium.de

RheinEnergieStadion *(Müngersdorf)*

Für Kinder ab 5

Ein ganz besonderes Erlebnis, das 90 Minuten dauert und unvergesslich bleibt, ist eine Führung durch das RheinEnergieStadion. Die Tour gewährt Einblicke, die sonst nur Spieler, Trainer oder andere „Macher" haben, denn alle Stadionführer sind echte Insider, die über die Eigenarten der Stars auf der Bühne und auf dem Platz viel zu erzählen haben. Angeboten werden öffentliche oder private Stadionführungen sowie spezielle Kinderführungen und barrierefreie Stadionführungen. Näheres zu Terminen und Preisen sowie Anmeldung bzw. Reservierung: Tel. 0221/71 61 61 04 bzw. stadionfuehrungen@koelnersportstaetten.de.

Kölner Sportstätten GmbH, RheinEnergieStadion, Tribüne Ost, Aachener Straße 999, 50933 Köln, Tel. 71 61 61 50 | Anfahrt: Stadtbahn 1, Haltestelle: RheinEnergieStadion | www.koelnersportstaetten.de

Musisches & Kreatives

Pottery Art Café *(Mitte und Sülz)*

✳ 🚐 ✏ € €

Für Kinder ab 7

Ein Café? Oder doch eher eine Keramikwerkstatt? Nein, eine gelungene Kombination aus beidem. Denn hier können Besucher etwas trinken, vielleicht eine Kleinigkeit essen – und dabei weißes Keramikgeschirr ganz nach eigenen Ideen bemalen und gestalten. Das Pottery Art Café übernimmt dann das Brennen der Stücke – und nach wenigen Tagen stehen diese dann abholbereit im Laden. Für Kinder gibt es auf Anfrage spezielle Workshops sowie die Möglichkeit, den Geburtstag hier zu feiern. Auch für Erwachsene werden immer wieder neue Aktionen und Specials angeboten. Besonders beliebt ist die Pottery Art Night an jedem letzten Donnerstag im Monat. Seit 2012 gibt es neben dem Café an der Mauritiuskirche ein zweites Ladenlokal in Sülz. Öffnungszeiten: Mi. 14:00–20:00, Do. 12:00–18:00, Fr. 14:00–20:00, Sa. 12:00–20:00, So. 12:00–18:00 Uhr.

Arndtstraße 2, 50676 Köln, Tel. 0221/2 71 75 69 | Anfahrt: Stadtbahn 9, Haltestelle: Mauritiuskirche | Sülz: Luxemburger Straße 271, 50939 Köln | Anfahrt: Stadtbahn 18, Haltestelle: Sülzburgstraße | www.pottery-art-cafe.de

Pottery Art Café

Frühling/Sommer

Beachclub km 689 *(Bilderstöckchen)*

Für Kinder ab 0

In diesem Beachclub ist sogar Sonnenbaden mit Domblick möglich, denn die Strandbar liegt auf der Deutzer Rheinseite, schräg gegenüber von Dom und Hohenzollernbrücke. Es wird ein Mindestverzehr von 6 Euro erhoben. Dafür bekommen Gäste entspannte Lounge-Atmosphäre auf feinem Sand. Aktuelle Öffnungszeiten bitte der Website entnehmen.

Rheinparkweg 1, 50679 Köln, Tel. 0221/6 50 04 30 | Anfahrt: Stadtbahn 1, 3, 4, 9, Haltestelle: Bhf. Deutz/Messe, oder Bus 150, Haltestelle: Im Rheinpark
www.km689.de

Beachpark Cologne *(Bocklemünd)*

Für Kinder ab 0

Ein schöner Ort für das eine oder andere Beachvolleyballspiel und -turnier. Darüber hinaus ist hier viel Platz zum Rennen und Austoben. In der zugehörigen Sunsetbar mit Biergarten gibt es kühle Getränke und kleine Snacks. Öffnungszeiten: Mitte Apr.–Ende Sep. Mo.–Sa. 9:00–22:00, So. 9:00–20:00 Uhr.

Freizeit-Kapitän

Blackfoot Beach

Freimersdorfer Weg 4, 50829 Köln, Tel. 0151/25 35 31 51 | Anfahrt: Stadtbahn 3, 4, Haltestelle: Bocklemünd, dann ca. 10 Min. Fußweg | www.beachpark-cologne.de

Biergarten Alteburg *(Südstadt)*

Für Kinder ab 0

Gemütlich, leger und mit etwas künstlerischem Flair, so lässt sich die Alteburg in der Südstadt beschreiben. Sobald das Wetter es zulässt, ist hier der Biergarten geöffnet, der Kindern viel Platz zum Toben und Herumrennen bietet. Ebenso zur Alteburg gehören zwei unterschiedlich große Veranstaltungsräume, die auch für private Feiern angemietet werden können.

Alteburger Straße 139, 50968 Köln, Tel. 0221/9 37 83 29 | Anfahrt: Stadtbahn 16, Haltestelle: Schönhauser Straße | www.alteburg.com

Blackfoot Beach am Fühlinger See *(Fühlingen)*

Für Kinder ab 0

Zwar lässt es sich hier hervorragend chillen, sonnenbaden und schwimmen – doch das Blackfoot Beach ist mehr als „nur" ein Strandbad: es ist ein Eldorado für Outdoor- und Natursport-Anhänger. An kaum einem Ort in Köln

ließe sich das besser verwirklichen, denn der Fühlinger See ist eine der größten und eine der saubersten Wasserflächen Kölns. Das gastronomische Angebot reicht von Heiß- und Kaltgetränken über Cocktails bis hin zu Snacks
und Grillspezialitäten – eben alles, wonach bei einem Tag am Strand der
Sinn steht. Wer frisch gestärkt Lust auf Bewegung verspürt, kann hier au-
ßerdem Bogen schießen, Beachvolleyball spielen, tauchen, Kajak fahren
oder im angrenzenden Hochseilgarten klettern. Aktuelle Öffnungszeiten
bitte der Website entnehmen.

*Stallagsbergweg 1, 50769 Köln, Tel. 0221/16 88 18-10 | Anfahrt: Stadtbahn 15,
Haltestelle: Wilhelm-Sollmann-Straße, dann weiter mit Bus 122, Haltestelle:
Seeberg | www.blackfoot-beach.de*

Blackfoot Hochseilgarten *(Fühlingen)*

Für Kinder ab 6
Neben dem Blackfoot Beach gehört zum Blackfoot Camp am Fühlinger See
auch der Hochseilgarten. Eine Vielzahl von Kletterelementen, angebracht in
ganz unterschiedlicher Höhe, sowie mehrere unterschiedliche Kletter-Par-
cours sorgen dafür, dass hier sowohl Kletter-Neulinge als auch „alte Hasen"
auf ihre Kosten kommen. Alle Parcours sind mit einem Schwierigkeitsgrad
gekennzeichnet. Einer der Kletterparcours führt sogar übers Wasser und eröffnet tolle Ausblicke auf den See. Der Hochseilgarten kann sowohl von Ein-
zelpersonen als auch von Gruppen genutzt werden. Aktuelle Öffnungszeiten bitte der Website entnehmen.

*Stallagsbergweg 1, 50769 Köln, Tel. 0221/16 88 18-10 | Anfahrt: Stadtbahn
15, Haltestelle: Wilhelm-Sollmann-Str., dann weiter mit Bus 122, Haltestelle:
Seeberg | www.blackfoot-hochseilgarten.de*

Bootsverleih Blücherpark

Für Kinder ab 0
Die Wasserfläche ist zwar nicht groß, aber die nette Biergarten-Terrasse
Kahnstation und der gesamte Blücherpark sind einen Ausflug wert. Die Atmosphäre ist sehr locker und familienfreundlich. Daher ist der gesamte Park
auch ein beliebter Treffpunkt für Familien aus dem Veedel. Öffnungszeiten:
täglich ab 14:00 Uhr bis Einbruch der Dämmerung, nur in den Sommermonaten.

Parkgürtel, 50825 Köln, Tel. 0221/1 70 22 91 | Anfahrt: Stadtbahn 5, Haltestelle:
Nussbaumerstraße, oder Stadtbahn 13, Haltestelle: Escher Straße/Gürtel
www.bluecherpark-koeln.de

Bootsverleih am Decksteiner Weiher *(Lindenthal)*

Für Kinder ab 0

Gelegen am Decksteiner Weiher in unmittelbarer Nachbarschaft zum
Ausflugsrestaurant Haus am See. Öffnungszeiten: nur in den Sommermonaten.

Bachemer Landstraße 420, 50935 Köln | Anfahrt: Stadtbahn 7, Haltestelle:
Stüttgenhof, dann ca. 10 Min. Fußweg (Beschilderung „Decksteiner Weiher"
und „Haus am See" folgen)

Bootsverleih Groov *(Zündorf)*

Für Kinder ab 0

Zu einem Ausflug an die Zündorfer Groov gehört schon seit Generationen
eine Runde im Tretboot. Zu mieten sind die Boote beim Zündorfer Bootsver-
leih, einen Steinwurf vom Restaurant Groov-Terrasse entfernt. Geöffnet nur
bei schönem Wetter. Im Zweifelsfall bitte telefonisch erkundigen.

Am Markt 4, 51143 Köln, Tel. 02203/85544 | Anfahrt: Stadtbahn 7, Halte-
stelle: Zündorf, dann Bus 164, Haltestelle: Zündorf/Kirche | www.
groov-terrasse.de

Bootsverleih Volksgarten *(Südstadt)*

Für Kinder ab 0

Mitten im beschaulichen Volkspark gelegen, mit schönen Ausblicken auf
Park und Biergarten. Öffnungszeiten: Mo.–Fr. ab 15:00, Sa. ab 14:00, So. ab
11:30 Uhr. Nur bei schönem Wetter.

Volksgartenstraße 27, 50677 Köln, Tel. 0221/38 26 26 | Anfahrt: Stadtbahn
12, Haltestelle: Eifelplatz, oder Stadtbahn 15, 16, Haltestelle: Eifelstraße oder
Ulrepforte | www.hellers-brauhaus.de/volksgarten/bootsverleih/

Grillplatz Fühlinger See *(Fühlingen)*

Hier gibt es gleich mehrere Grillplätze, zumeist direkt am See. Neben Feuerstellen verfügen sie zumeist auch über Sitzgelegenheiten. Größere Feiern oder Veranstaltungen müssen vom Sportamt der Stadt Köln genehmigt werden, Tel. 0221/221-31250.

Grillplatz an der Groov *(Porz-Zündorf)*

Einer der schönsten Kölner Grillplätze liegt auf der Freizeitinsel Groov in Porz-Zündorf, in Verlängerung der Ankergasse zum Rhein hin. Es gibt eine Grillstelle, einen Unterstand sowie verschiedene Sitzplätze. Eine Anmeldung ist nicht erforderlich.

Grillplatz Lindenthal *(Lindenthal)*

Grillen vor dramatisch-malerischer Kulisse: Der Lindenthaler Grillplatz liegt unmittelbar am Fort VI, einer der ehemaligen Kölner Festungen. Die Zufahrt zum Grillplatz erfolgt vom Militärring, die abzweigende Straße ist ausgeschildert mit „Eichenkreuz-Sportanlage". Auf dem Grillplatz befinden sich

Nicht nur Marshmallows: grillen in Köln

neben der Feuerstelle auch Bänke und ein Tisch. Anmeldung beim Amt für öffentliche Ordnung, Abteilung Straßen- und Grünflächennutzung, Tel. 0221/221-26824.

Grillplatz Rodenkirchen *(Rodenkirchen)*

Unmittelbar am Rhein und in direkter Nachbarschaft des Rodenkirchener Campingplatzes kommt auf diesem Grillplatz Urlaubsstimmung auf. Lage: Am Campingplatz Berger, bei Rheinkilometer 681,5. Keine Anmeldung erforderlich.

Kleinbahn im Rheinpark *(Deutz)*

Für Kinder ab 0

Die Kleinbahn ist eine tolle Möglichkeit, den weitläufigen Rheinpark näher zu erkunden. Unter anderem fährt sie auch am Abenteuerspielplatz vorbei. Es gibt die Möglichkeit, Teilstrecken zu fahren oder eine ganze Runde (2 km) durch den Park zu drehen. Die Loks werden gehegt und gepflegt, und zu besonderen Anlässen wird die knallrote „Porsche-Lok" eingesetzt!
Öffnungszeiten: Mitte März–Ende Okt.: Mo.–Fr. 11:00–18:00, So. und Fei. 10:00–19:00 Uhr.

Rheinparkweg, 50679 Köln | Anfahrt: Stadtbahn 1, 3, 4, 9, Haltestelle: Bhf. Deutz/Messe bzw. Bahnhof Deutz/Lanxess Arena, dann ca. 5 Minuten Fußweg am Rheinufer entlang | www.kleinbahn-im-rheinpark-koeln.de

Kölner NeuLand *(Bayenthal)*

Für Kinder ab 0

Eine hässliche Brachfläche mitten in der Stadt nutzen, urbar machen und sich den Traum vom Grün in der Stadt verwirklichen – diese Gedanken standen 2011 Pate bei der Gründung des Kölner NeuLand. Alle die Lust auf frische Luft, Bewegung und Gartenarbeit haben (und dabei nicht nur ans Ernten denken), können mitmachen. Nebenbei gibt es Workshops und Veranstaltungen rund um die Themen Gartenbau, Nachhaltigkeit und Ökologie. Interessierten steht der Garten jederzeit offen – es wird jedoch empfohlen, zu den regulären Öffnungszeiten zu kommen. Achtung: Die Öffnungszeiten variieren je nach Jahreszeit. Aktuelle Zeiten bitte auf der Website in Erfahrung bringen.

Minigolf Groov

Kölner NeuLand, Gemeinnütziger e.V., Koblenzer Straße 15, 50968 Köln, Tel.
0221/2598623 | Anfahrt: Stadtbahn 16, Haltestelle: Schönhauser Straße
www.neuland-koeln.de

Kölner Seilbahn *(Riehl und Deutz)*

Für Kinder ab 0

In ganz Köln gibt es keine bessere Aussicht auf den Rhein, den Dom und das
ganze Stadtpanorama. Dazu macht die Fahrt mit der Seilbahn einfach Spaß.
Start der knapp 1 km langen Strecke ist entweder auf der linksrheinischen
(Nähe Zoo) oder auf der rechtsrheinischen Seite (Rheinpark). Gäste können
nach Belieben entweder nur in eine Richtung oder aber hin- und wieder zu-
rückfahren, wobei in jeder der Gondeln vier Personen Platz haben. Zu besonderen Anlässen (z.B. „Lange Nacht der Kölner Museen" oder „Kölner Lichter") gibt es sogar Nachtfahrten. Nähere Infos zu Fahrpreisen, Zeiten und
Specials befinden sich auf der Website. Öffnungszeiten: Mitte März bis Anfang Nov. täglich 10:00–18:00 Uhr.

Riehler Straße 180, 50735 Köln, Tel. 0221/547-4183 oder 547-4274 | Anfahrt
linksrheinische Station: Stadtbahn 18, Haltestelle: Zoo/Flora, rechtsrhei-
nische Station: Bus 150, 250, 260, Haltestelle: Thermalbad | www.koelner-
seilbahn.de

Minigolf Dünnwalder Waldbad *(Dünnwald)*

Für Kinder ab 0

Die 18-Loch-Minigolfanlage Dünnwald ist dem Dünnwalder Waldbad angeschlossen, kann jedoch auch unabhängig vom Schwimmbad besucht werden. Durch die Lage mitten im Wald ist es hier auch an heißen Sommertagen angenehm kühl. Aktuelle Öffnungszeiten bitte der Website entnehmen.

Peter-Baum-Weg 20, 51069 Köln, Tel. 0221/6 00 15 88 | Anfahrt: Bus 154, Haltestelle: Waldbad | www.waldbad-camping.de

Minigolf Groov *(Porz-Zündorf)*

Für Kinder ab 0

Eine top gepflegte und mit viel Liebe geführte Anlage, auf der das Minigolfen besonders viel Spaß macht. In unmittelbarer Nachbarschaft befinden sich die Freizeitinsel Groov samt Spielplatz, die Rheinfähre Krokodil und ein Eiscafé. Auf dem Minigolfplatz selbst können Gäste sich mit heißen und kalten Getränken stärken. Öffnungszeiten: bei schönem Wetter täglich ab 10:00 Uhr.

Marktstraße 12, 51143 Köln, Tel. 02203/8 43 29 | Anfahrt: Stadtbahn 7, Haltestelle: Zündorf, dann Bus 164, Haltestelle: Zündorf/Kirche | www.minigolf-groov.de

Minigolf Haus am See *(Lindenthal)*

Für Kinder ab 0

Im Haus am See Kuchen essen und dann auf der benachbarten Minigolfanlage eine Runde golfen: ein feines Programm für einen perfekten Sonntagnachmittag. Kinder sind hier besonders herzlich willkommen, und es gibt verschiedene Specials, wie etwa den Kindertag oder den Familientag, an denen das Minigolfen besonders günstig ist. Auch Kindergeburtstag oder andere Feiern können hier stattfinden. Öffnungszeiten: Mo.–Fr. 12:00–20:00, (Schulferien ab 10:00 Uhr), Sa. 11:00–20:00, So. und Fei. 10:00–20:00 Uhr.

Bachemer Straße 420a, 50935 Köln, Tel. 0163/2 37 48 64 | Anfahrt: Stadtbahn 7, Haltestelle: Stüttgenhof, dann ca. 10 Min. Fußweg (Beschilderung „Decksteiner Weiher" und „Haus am See" folgen) | www.minigolf-lindenthal.de

Minigolf Rodenkirchen *(Rodenkirchen)*

Für Kinder ab 0

Fast direkt in Rheinlage kommt hier beim Minigolfspielen sicher ein wenig Urlaubsstimmung auf, zumal in unmittelbarer Nachbarschaft ein Campingplatz liegt. Die Minigolfanlage ist sehr gepflegt und einladend, Kinder sind hier herzlichst willkommen. Für sie gibt es auch einige Spielgeräte und viel Platz zum Spielen und Toben. Öffnungszeiten: Mo.–Fr. 12:00–20:00 (Schulferien ab 10.00 Uhr), Sa. 11:00–20:00, So. und Fei. 10:00–20:00 Uhr.

Uferstraße 70, 50996 Köln, Tel. 0163/2 37 48 64 | Anfahrt: Bus 135, Haltestelle: Uferstraße | www.minigolf-rodenkirchen.de

Pferderennbahn Weidenpesch

Naturfreibad Vingst

Naturfreibad Vingst *(Vingst)*

Für Kinder ab 0

Das idyllische Badeparadies am Baggersee mit schwimmenden Inseln und Schatten spendenden Bäumen hat auch in sportlicher Hinsicht einiges zu bieten, zum Beispiel einen Bolzplatz zum Fußballspielen oder eine Beach-volleyball-Anlage. Die Jüngsten können sich auf dem Kinderspielplatz mit Kletterschiff, Balancierparcours, 30-m-Seilbahn, Viererwippe und Sechs-fachschaukel, Karussell und Nestschaukel so richtig austoben. Wer die Ent-spannung unter den Strohschirmen, in den Hängematten oder auf den hölzernen Liegedecks sucht, kann die Auszeit vom Alltag genießen. Zwei Grillplätze machen das Sommer-Sonne-Urlaubs-Feeling perfekt! Öffnungs-zeiten: in der Freibadsaison Mo.–Fr. 10:00–19:00, Sa., So. 9:00–19:00 Uhr. Eintritt: 4 Euro/Tag, Kinder und Jugendliche ermäßigt.

Vingster Ring, 51107 Köln, Tel. 0221/27 91 86-0 | Anfahrt: Stadtbahn 9, Halte-stelle: Vingst oder Ostheim, oder Bus 153, Haltestelle: Vingst oder Kürtenstra-ße | www.koelnbaeder.de

Pferderennbahn Weidenpesch *(Weidenpesch)*

Für Kinder ab 0

Über das Rennbahngelände schlendern, die Atmosphäre genießen und – je nach Lust und Laune – mal eine Wette abgeben: eine Unternehmung, die garantiert nicht nur Pferdefreunden Spaß macht. Denn an Renntagen knistert hier förmlich die Luft vor Spannung. Selbst wenn gerade kein Rennen stattfindet, lohnt es sich, über das parkähnliche Gelände zu spazieren, die alte Tribüne zu bewundern oder – mit etwas Glück – einen Blick auf die Rennpferde zu erhaschen. Zudem gibt es auf dem Gelände mehrere Imbisse und ein Restaurant. Natürlich ist auch ein Kinderspielplatz vorhanden. Die Eintrittspreise sind moderat: Ein Stehplatz beim Rennen kostet für Erwachsene 8 Euro, die Familienkarte ist schon für 14 Euro zu haben. Für Kinder unter 14 Jahren ist der Eintritt frei.

Öffnungszeiten: je nach Veranstaltung. Genaue Termine der Website entnehmen.

Rennbahnstraße 152, 50737 Köln, Tel. 0221/9 74 50 50 | Anfahrt: Stadtbahn 12, 15, Haltestelle: Scheibenstraße | www.koeln-galopp.de

Pflanzstelle *(Kalk)*

Für Kinder ab 0

Gemeinsam gärtnern, in Kontakt kommen und frisches Grün in triste Brachflächen bringen, so lautet die Idee der Pflanzstelle. Doch im Gegen-

Rheinfähre Krokodil

Poller Strandbar

satz zu herkömmlichen Garten- oder Parkanlagen ist die Pflanzstelle mobil, denn jede Pflanzeinheit ist in transportablen Gefäßen untergebracht. Auf diese Weise kann der Garten auch dann weiterbestehen, wenn die Fläche für eine andere Nutzung oder Bebauung vorgesehen ist. Interessierte „Neugärtner" können an den offenen Gartenrunden (jeden zweiten Sonntag, 13:00 Uhr, Pflanzstelle) teilnehmen und sich einen Überblick über die Aktivitäten des Vereins verschaffen. Öffnungszeiten Pflanzstelle: Mo. 16:00–19:00, Mi. 14:00–17:00, Do. 14:00–18:00, Sa. und So. 13:00–18:00 Uhr.

Neuerburgstraße (Höhe Sieversstraße) | Anfahrt: Stadtbahn 1, 9, Haltestelle: Kalk Kapelle | http://pflanzstelle.blogsport.eu

Poller Strandbar *(Poll)*

✺ ⓨ Ⓟ €

Für Kinder ab 0
Baden kann man hier zwar nicht, dennoch ist hier die Strandatmosphäre gelungen. Die Strandbar ist bei einem breit gefächerten Publikum beliebt. Auch Familien mit Kindern gehören dazu, denn für diese gibt es einen eigenen – etwas abgeschirmten Bereich – mit Spielzeug und Planschbecken. Die Großen können derweil in den Liegestühlen und Lounge-Sitzgruppen entspannen oder sich ein Getränk von der Bar schmecken lassen. Der Mindestverzehr beträgt 4 Euro. Ein kleiner Grill-Imbiss versorgt mit leckeren Snacks und Grillspezialitäten. Zudem gibt es Tischtennisplatten und ein Beachvolleyballfeld. Öffnungszeiten: bei entsprechender Witterung 12:00–24:00 Uhr.

Alfred-Schütte-Allee 34, 51105 Köln, Tel. 0177/231 97 39 | Anfahrt: Stadtbahn 7,
Haltestelle: Raiffeisenstraße, oder Bus 159, Haltestelle: Alfred-Schütte-Allee
www.poller-strandbar.de

Rheinfähre Krokodil *(Zündorf)*

Für Kinder ab 0

Von März bis Oktober verkehrt die Rheinfähre Krokodil zwischen den
Rheinufern in Köln-Weiß und Porz-Zündorf (Groov) und befördert Fußgänger und Radfahrer auf die jeweils andere Seite. Neben dem Krokodil gibt es
noch das Schwesterschiff Frika, das hauptsächlich am Wochenende bei ho-
hem Fahrgastaufkommen zum Einsatz kommt. Mit Krokolino, dem dritten
Schiff der Flotte, können auf Anfrage Gruppen eine kleine Tour auf dem
Rhein unternehmen – auch in Längsrichtung des Flusses.

Weißer Leinpfad (Fähre), 50999 Köln, Tel. 02236/6 83 34 | Anfahrt rechte
Rheinseite: Stadtbahn 7, Haltestelle: Zündorf, dann weiter mit Bus 164, Halte-
stelle: Zündorf/Kirche. Anfahrt auf der linken Rheinseite nur mit Fahrrad oder
Auto möglich

Schiffstouren mit KD

Rodenkirchener Riviera

Rodenkirchener Riviera

Für Kinder ab o

Dass Köln auch einen echten Sandstrand zu bieten hat, beweisen die kleinen Badebuchten an der sogenannten Rodenkirchener Riviera. Sobald die Witterung dies zulässt, werden die Uferstellen von zahlreichen Sonnenhungrigen bevölkert. Sofern die Bucht genug Schutz vor der Strömung bietet, ist hier auch ein kleines abkühlendes Bad im Rhein möglich! Mindestens genauso schön ist es aber, einfach nur auf dem Sand zu liegen, sich zu sonnen, zu picknicken oder (mit Kindern) herumzutoben. Passend dazu gibt es entlang der Rodenkirchener Uferlinie zahlreiche Restaurants und Cafés.

Rheinufer ab Heinrich-Lübke-Ufer südwärts | Anfahrt: Stadtbahn 16, Haltestelle: Heinrich-Lübke-Ufer, oder Bus 130, Haltestelle: Heinrich-Lübke-Ufer

Schiffstouren mit der „Köln-Düsseldorfer"

Für Kinder ab o

Einmal mit dem Ausflugsschiff rheinaufwärts fahren gehört zum „Pflichtprogramm" im Kölner Sommer. Neben den klassischen Linienfahrten z.B. zum Drachenfels oder zum Sea Life nach Königswinter unternimmt die

Flotte der KD auch Rundfahrten und Themenfahrten. In den Sommerferien gibt es sogar Kinderfeste an Bord. Start ist in Köln entweder am Anleger „Rheingarten" (Nähe Dom) oder in Köln-Porz. Der ausführliche Fahrplan sowie ein Überblick über alle Ausflugs- und Sonderfahrten sind online einsehbar.

Rheingarten, 50667 Köln, Tel. 0221/2 58 30 11 | Anfahrt (Rheingarten): Stadtbahn 5, 16, 18, Haltestelle: Dom/Hbf. | www.k-d.de

Sundownbeach am Escher See *(Esch)*

Für Kinder ab 0

Hier wurde ein Baggersee in ein Beach-Paradies umgewandelt–und zwar eines, das man gut und gerne auch mit Kindern besuchen kann. Ob Schwimmen, Planschen oder gemütlichen „Abhängen" in Strand-Atmosphäre: Alles ist hier möglich. Neben einem Restaurant gibt es auch einen Imbiss, Liegestühle, Sonnenschirme und -betten können gegen Gebühr benutzt werden. Regelmäßige Untersuchungen des Badewassers bestätigen: Das Wasser im Escher See hat Trinkwasserqualität! Aktuelle Öffnungszeiten bitte der Website entnehmen.

Am Baggerfeld 4, 50767 Köln | Anfahrt: Bus 125, Haltestelle: Köln-Esch, Escher See | www.sundownbeach.de

Waldbad Dünnwald *(Dünnwald)*

Für Kinder ab 0

Klein, gemütlich und fast ein wenig familiär ist das Dünnwalder Schwimmbad mit angeschlossenem Campingplatz und Minigolfanlage, sodass an schönen Sommertagen richtig Urlaubsstimmung aufkommt. Neben einem Schwimmerbecken gibt es hier Nichtschwimmerbereiche, zwei Rutschen und ein Kinderbecken. Eingerahmt wird alles von großen Liegewiesen, teils unter Schatten spendenden Bäumen. Auch eine Beachvolleyball-Anlage gehört dazu. Aktuelle Öffnungszeiten bitte der Website entnehmen.

Peter-Baum-Weg 20, 51069 Köln, Tel. 0221/6 00 15 88 | Anfahrt: Bus 154, Haltestelle: Waldbad | www.waldbad-camping.de

Wasserspielplatz Beethovenpark *(Sülz)*

Für Kinder ab 0

Dieser Spielplatz am Rande des Beethovenparks ist vor allem an heißen Tagen ein guter Zufluchtsort. Denn die großen Bäume spenden viel Schatten, und die Wasserpumpe im Sandkasten sorgt für jede Menge kühlenden Matsch. Zudem gibt es noch verschiedenste Klettergeräte, eine Schaukel, Wippe etc. Da der Spielplatz direkt in den Park übergeht, ist hier viel Platz zum Toben, Rennen oder auch Radfahren.

Neuenhöfer Allee (in Höhe Anton-Antweiler-Straße), 50937 Köln | Anfahrt: Stadtbahn 13, Haltestelle: Berrenrather Straße/Gürtel

Wasserspielplatz Innerer Grüngürtel *(Neustadt Nord)*

Für Kinder ab 0

Dieser ungewöhnliche Spielplatz grenzt an die zur Innenstadt gewandte Seite der Inneren Kanalstraße, und zwar in dem Karree zwischen Vogelsanger Straße und Venloer Straße. Hier gibt es zwar keinen Matsch, dafür aber Wasserspaß pur. Denn aus den verschiedenen Rohr- und Stangenkonstruktionen sprüht an warmen Tagen erfrischendes Wasser. Der Boden des Spielplatzes ist geteert.

Venloer Straße/Ecke Innere Kanalstraße | Anfahrt: Stadtbahn 3, 4, 5, Haltestelle: Hans-Böckler-Platz/Bahnhof West

Wasserspielplatz Nippeser Tälchen *(Nippes)*

Für Kinder ab 0

Sich so richtig mit Matsch einschmieren und dann wild herumtoben, das ist Programm auf dem Nippeser Wasserspielplatz, wenn es im Sommer warm genug dafür ist. Darüber hinaus bietet der Spielplatz noch alle anderen „klassischen" Spielgeräte wie Schaukel, Rutsche, Klettergeräte usw. Auch Krabbel- oder Lauflernkinder fühlen sich hier dank entsprechender Spielgeräte wohl. Besonderes Plus: Der Biergarten Altenberger Hof ist nur einen Katzensprung entfernt.

Louis-Ferdinand-Straße, 50733 Köln | Anfahrt: Stadtbahn 12, 15, Haltestelle:
Florastraße, oder Stadtbahn 13, Haltestelle: Neusser Straße/Gürtel

Flohmärkte

Flohmarkt an der Alten Feuerwache *(Nippes)*
Für Kinder ab 0
Im März startet die Saison für die Flohmärkte im Innenhof der Alten Feuer-
wache. Gemütliche Atmosphäre, ideal für Familien, keine professionellen
Händler. Termine und Zeit: Genaue Termine siehe Website, Öffnungszeit:
8:00–17:00 Uhr

Melchiorstraße 3, 50670 Köln | Anfahrt: Stadtbahn 5, 12, 16, 18, Haltestelle:
Ebertplatz | www.altefeuerwachekoeln.de/flohmaerkte

Trödelmarkt Autokino Porz *(Porz-Eil)*
Für Kinder ab 0
Trödelfreunde finden hier sowohl Gebrauchtes als auch Neuware, mitunter
sogar Gemüse und Obst. Jeden Samstag 8:00–15:00 Uhr Gebrauchtwagen-
markt. Termine und Zeit: Jeden Mittwoch und Freitag außer an Feiertagen,
8:00–14:00 Uhr.

Feilschen auf dem Flohmarkt

Rudolf-Diesel-Straße 36, 51149 Köln | Anfahrt: S12, Haltestelle: Steinstraße, oder Bus 151, Haltestelle: Theodor-Heuss Straße | www.kopp-maerkte.de

Flohmarkt Klettenberggürtel *(Klettenberg)*
Für Kinder ab 0

Kleiner, vor allem bei Familien beliebter Flohmarkt auf dem Mittelstreifen des Klettenberggürtels. Ausschließlich Verkauf von privat. Termine: siehe Website, Zeit: 11:00–18:00 Uhr.

Klettenberggürtel, 50939 Köln | Anfahrt: Stadtbahn 18, Haltestelle: Sülzgürtel
www.troedeltipp.de

Flohmarkt an der Pferderennbahn *(Weidenpesch)*
Für Kinder ab 0

Der stimmungsvolle Flohmarkt auf dem Parkplatz vor der Weidenpescher Rennbahn findet, außer an Renntagen, jeden Mittwoch, Freitag, Samstag und einmal im Monat am Sonntag statt. Termine und Zeit: Genaue Termine siehe Website, ab 7:00 Uhr.

Parkplatz Kölner Galopprennbahn, Scheibenstraße 40, 50737 Köln | Anfahrt: Stadtbahn 16, Haltestelle: Sebastianstraße, oder Stadtbahn 12, 15, Haltestelle: Scheibenstraße | www.troedel-mit.de

Flohmarkt Rheinpromenade *(Altstadt)*
Für Kinder ab 0

Trödeln vor postkartenreifer Kulisse. Hier gibt es vorrangig hochwertige und gut erhaltene Antiquitäten, oft auch antikes Spielzeug. Neuware ist nicht zugelassen. Termine und Zeit: In den Frühlings- und Sommermonaten ein- oder zweimal im Monat, 11:00–19:00 Uhr.

Rheinpromenade zwischen Hohenzollernbrücke und Bastei, 50668 Köln
Anfahrt: Stadtbahn 1, 7, 8 und 9, Haltestelle: Heumarkt, oder Stadtbahn Linie 5, 16, 18, Haltestelle: Dom/Hbf | www.coelln-konzept.de

Kölner Stadtflohmarkt *(Sülz)*
Für Kinder ab 0

Der bekannteste Kölner Flohmarkt findet–außer an Feiertagen–an jedem Samstag im Jahr statt, auch bei Schnee und Eis. Kaum professionelle Händler, hauptsächlich Privatleute mit Schätzchen und Fundstücken aus dem Keller oder Dachboden. Neuware ist nicht zugelassen. Termine und Zeit: jeden Samstag, außer an Feiertagen, ab 8:00 Uhr

Universitätsstraße (in Höhe Einmündung Berrenrather Straße), 50939 Köln
Anfahrt: Stadtbahn 18, Haltestelle: Weißhausstraße, oder Stadtbahn 9, Halte-
stelle: Universität | www.stadt-flohmarkt.de

Flohmarkt am Südstadion *(Neustadt-Süd)*
Für Kinder ab 0
Angenehmer, familiengeeigneter Flohmarkt mit überwiegend Privatver-
käufen. Hin und wieder locken auch Möbel und Accessoires aus vergange-
nen Jahrzehnten.
Termine und Zeit: Apr.–Nov. (Termine siehe Website), 11:00–18:00 Uhr.

Vorgebirgstraße, Parkplatz Südstadion, 50969 Köln | Anfahrt: Stadtbahn
15, 16, Haltestelle: Ulrepforte, oder Stadtbahn 12, Haltestelle: Pohligstraße |
www.coelln-konzept.de

Leben mit Literatur!

Herbst/Winter

Strike!

Bowlen

Bowlen ist immer ein riesen Spass für Groß und Klein. Gerade wenn es draußen kalt ist, ist Bowlen eine schöne Alternative, um sich zu bewegen. Freu-
densprünge, wenn man alle Neune weggefegt hat, inklusive. Hier wird ge-
tanzt, gehüpft oder getröstet, wenn die Kugel mal völlig danebenging. In
Köln gibt es verschiedene Bowlingbahnen, bei den auch tolle Geburtstags-
partys gefeiert werden können:

Citybowling *(Innenstadt)*
Für Kinder ab 4
EXTRAS: Online-Buchung möglich. Kindergeburtstagspakete.

*Moselstraße 44, 50674 Köln, Tel. 0221/239275 | Anfahrt: Stadtbahn 18, Bus 142,
Haltestelle: Eiffelwall, Stadtbahn 9, Haltestelle: Dasselstraße
www.city-bowling.de*

West Bowling *(Ehrenfeld)*
Für Kinder ab 3
EXTRAS: Online-Buchung möglich. Kindergeburtstage.

*Melatengürtel 21, 50933 Köln, Tel. 0221/95424411 I Anfahrt: Stadtbahn 13, Bus
140, Haltestelle: Oskar-Jäger-Str./Gürtel | www.westbowling.de*

Drachen steigen lassen auf den Poller Wiesen *(Poll)*

Für Kinder ab 0

Sobald Wetter und Wind es zulassen, verwandeln sich die Poller Wiesen in einen über die Kölner Grenzen hinaus bekannten Treffpunkt für Drachen-Freunde. Vom selbst gebastelten Papierdrachen bis hin zum Profi-Kite ist hier alles zu finden, und nicht selten entsteht hier fast eine volksfestartige Stimmung. Denn neben den Drachen-Liebhabern tummeln sich hier auch Grillfreunde, Fußballer und Schaulustige. Belohnt werden alle mit einem tollen Ausblick auf den Dom und kilometerlangen Wiesen auf ca. 150 Metern Breite.

Alfred-Schütte-Allee 34, 51105 Köln | Anfahrt: Stadtbahn 7, Haltestelle: Raiffeisenstraße, oder Bus 159, Haltestelle: Alfred-Schütte-Allee

Eisbahn Lentpark *(Nippes)*

Für Kinder ab 0

Hier ist Eislaufen der „gehobenen" Klasse möglich, denn die 260 Meter lange ovale Eisbahn befindet sich eine Etage über dem Hallenbad – mit unmittelbarem Blick auf das Treiben im Wasser sowie auf die ebenfalls zur Anlage gehörenden Eishalle. An Samstagen findet auf der Eisbahn von 16:00–18:00 eine Familien-Eisparty statt. In der Eishalle trainieren größtenteils Eishockeyvereine. Öffnungszeiten Eisbahn: Mo.–Fr. 8:30–22:30, Sa. 10:00–18:00 (anschließend Eisparty 19:00–22:00 Uhr), So., Fei. 9:00–21:00 Uhr.

Lentstraße 30, 50668 Köln, Tel. 0221/27 91 80 10 | Anfahrt: Stadtbahn 12, 15 Haltestelle: Lohsestraße, oder Stadtbahn 16, 18, Haltestelle: Reichensperger-platz | www.lentpark.de

Eislaufen im Haie-Zentrum *(Deutz)*

Für Kinder ab 4

Besonders Eishockey-Fans kommen hier auf ihre Kosten: In der Trainingshalle der Kölner Haie, dem sogenannten Haie-Zentrum, ist während der Eishockeysaison (etwa Mitte September bis Mitte April) jeden Sonntag von 15:00 bis 17:30 Uhr Eislaufen für die Öffentlichkeit möglich. Der Andrang ist mitunter groß, daher lohnt es sich, pünktlich zum Einlass ab 14:30 Uhr dort zu sein. Ebenfalls im Haie-Zentrum, das nur einen Steinwurf entfernt von der Lanxess-Arena liegt, befinden sich eine Sportsbar sowie ein Haie-Shop. Von Haie-Fanartikeln bis hin zu Trikots und Schlittschuhen ist hier alles erhältlich.

Gummersbacher Straße 4, 50679 Köln, Tel. 0221/2 79 50 | Anfahrt: Stadtbahn 1, 9, Haltestelle: Deutz Fachhochschule | www.haie.de

Kölner Krippenweg

Von Ende November bis zum 6. Januar (Dreikönigstag) wird in Köln, bzw. teilweise auch im Umland, schon seit vielen Jahren der Kölner Krippenweg begangen. Genau genommen beinhaltet der Weg über 100 Krippen, aufgestellt in Kirchen, auf Weihnachtsmärkten, in Geschäften oder an sonstigen öffentlichen Orten. Besucher können die Krippen entweder in Eigenregie oder aber im Rahmen von Führungen bewundern. Das Besondere: Unter den Krippen befinden sich nicht nur traditionelle Arrangements, sondern auch einige sehr extravagante Interpretationen der klassischen Weihnachtsthematik. Hervorzuheben ist beispielsweise die sogenannte Friedenskrippe im Kölner Hauptbahnhof. Neben öffentlichen Führungen gibt es auch gezielte Kinder- und Familienführungen. Weitere Infos sind der Website zu entnehmen.

www.koelner-krippenweg.de

Kölner Krippenweg

Rodelhang Beethovenpark

Rodelhang Beethovenpark *(Sülz)*

Für Kinder ab 0

Von außen betrachtet vermutet kaum ein Passant, welch optimalen Rodel-
bedingungen sich im Sülzer Beethovenpark bieten. Neben einigen kleineren
Hügeln, vornehmlich rund um die große Wiese zwischen Hockeyfeldern
und Berrenrather Straße, gibt es hier auch den sogenannten „Pilzberg". Seinen Namen hat die zwar an sich nicht hohe, aber dafür recht steile Erhe-
bung von dem pilzförmigen Unterstand auf dem Gipfel. Nur wenige Besucher des Parks wissen, dass der Pilzberg einer von zahlreichen Kölner
Schutthügeln ist. Hier wurde nach Ende des Zweiten Weltkriegs der Trüm-
merschutt aus der Innenstadt abgeladen. Heutzutage ist das Gelände rund
um den Pilzberg bei Schnee geradezu volksfestmäßig bevölkert. Mit Recht,
denn das Rodeln macht hier sehr viel Spaß!

Beethovenpark, Neuenhöfer Allee/Ecke Berrenrather Straße, 50937 Köln
Anfahrt: Stadtbahn 13, Haltestelle: Berrenrather Straße/Gürtel

Rodelhänge im Forstbotanischen Garten *(Rodenkirchen)*

Für Kinder ab 0

Zwar sind die Hügel nicht hoch, aber die weitläufigen Wiesen rund um den
Spielplatz im Forstbotanischen Garten bieten viel Platz zum Rennen und

Spielen oder für eine ordentliche Schneeballschlacht. Zudem ist weit und breit kein Auto- oder sonstiger Verkehr.

Forstbotanischer Garten, Schillingsrotter Straße, 50996 Köln | Anfahrt: Stadtbahn 16, Haltestelle: Rodenkirchen, dann 10 Min. Fußweg (Ausschilderung)

Rodelhang Herkulesberg *(Neustadt-Nord)*

Für Kinder ab 0

Auch der „Mont Klamott", wie der Herkulesberg im Kölner Jargon heißt, ist ein ehemaliger Trümmerberg, entstanden aus den Trümmern der nach dem Krieg zerstörten Kölner Innenstadt. Heute haben hier Rodelfreunde viel Spaß–und zwar auf einer fast 100 Meter langen Rodelpiste. Der Herkulesberg liegt im Gleisdreieck zwischen Innerer Kanalstraße und Subbelrather Straße. Der beste Zugang für Fußgänger erfolgt über die markante blaue Fußgängerbrücke, die von der Rückseite des Mediaparks aus die Bahntrasse überquert.

Herkulesberg, 50670 Köln | Anfahrt (zum Mediapark): Stadtbahn 3, 4, 5, Haltestelle: Hans-Böckler-Platz/Bhf. West, dann zu Fuß durch den Stadtgarten und immer entlang der Bahngleise bis zur Rückseite des Mediaparks. Von dort über die blaue Fußgängerbrücke zum Herkulesberg.

Rodelhang an der Jahnwiese *(Müngersdorf)*

Für Kinder ab 0

Von der Haltestelle Stadion aus gesehen liegt der Rodelhang direkt hinter dem RheinEnergieStadion, neben der Jahnwiese. Der Hügel ist kurz, dafür aber so breit, dass dort viele Rodler nebeneinander Platz finden. Zudem macht durch die Aussicht aufs Stadion das Schlittenfahren doppelt Spaß.

Am Jahnwiesenweg, 50933 Köln | Anfahrt: Stadtbahn 1, Haltestelle: Stadion

Rodeln an den Poller Wiesen *(Deutz)*

Für Kinder ab 0

Entlang der gesamten Poller Wiesen kann an den Uferböschungen gerodelt werden. Die Hügel(chen) sind zwar sehr klein, aber der viele Platz lockt im-

Rodelhang Beethovenpark

mer Scharen von Rodelfreuden ans rechtsrheinische Ufer, sodass dort manchmal Volksfeststimmung aufkommt. Zudem ist die kleine Piste gerade für jüngere Kinder optimal geeignet, denn es gibt einen extralangen Auslauf ohne Hindernisse. Die Eltern werden dafür mit einem tollen Blick auf den Rheinauhafen bis hin zum Dom belohnt.

Poller Wiesen, Alfred-Schütte-Allee 34, 51105 Köln | Anfahrt: Stadtbahn 7, Haltestelle: Raiffeisenstraße, oder Bus 159, Haltestelle: Alfred-Schütte-Allee

Weihnachtsmarkt auf dem Alter Markt *(Altstadt)*

Für Kinder ab 0

Dass dieser Markt auch den Beinamen „Heinzelmännchenmarkt" trägt liegt daran, dass er mitten in der Altstadt, der Heimat der berühmten Kölner Heinzelmännchen, liegt. Hier geht es rustikal-zünftig zu, und neben eingefleischten Kölnern zieht es immer wieder auch sehr viele Touristen hierher. Besonderheit des Marktes: So wie die Altstadt im Mittelalter nach Zünften bzw. Handwerksarten gegliedert war, ist auch dieser Weihnachtsmarkt „sortiert". Kleine Schilder weisen den Weg in die entsprechenden Marktgassen, wie z. B. „Futtergasse", „Spielzeuggasse" oder „Naschgasse". Öffnungszeiten: 26. Nov.–23. Dez, Mo.–So. 11:00–22:00 Uhr.

Alter Markt, 50667 Köln | Anfahrt: Stadtbahn 1, 7, 9, Haltestelle: Heumarkt, oder Stadtbahn 5, Haltestelle: Rathaus | www.weihnachtsmarkt-altstadt.de

Weihnachtsmarkt am Dom *(Innenstadt)*

Für Kinder ab 0

Ohne Zweifel der Weihnachtsmarkt-Klassiker in Köln, denn die unmittelbare Lage mit Blick auf den Dom ist grandios. Alles ist hier ein wenig größer, beeindruckender und blinkender als auf den anderen Kölner Weihnachtsmärkten. Daher ist es oft auch sehr trubelig. In der Mitte des Marktes steht eine große Bühne, auf der jeden Tag mehrere Show-Acts stattfinden – von Kasperletheater über Blasmusik bis hin zu Gospel- oder Tanz-Darbietungen. Öffnungszeiten: Ende Nov.–ca. 23. Dez. So.–Mi. 11:00–21:00, Do.–Fr. 11:00–22:00, Sa. 10:00–22:00 Uhr.

Roncalliplatz, 50667 Köln | Anfahrt: Stadtbahn 5, 16, 18, Haltestelle: Dom / Hbf. | www.koelnerweihnachtsmarkt.com

Weihnachtsmarkt Neumarkt

Weihnachtsmarkt am Neumarkt *(Innenstadt)*

Für Kinder ab 0

Ein beliebter Markt mitten im Zentrum. Ideal gelegen, um nach den Weih-nachtseinkäufen noch eine Waffel, einen Punsch oder eine Bratwurst zu genießen. Obwohl ringsherum der Verkehr tost, herrscht hier auf dem „Markt der Engel" weihnachtliche Atmosphäre. Bei Kindern besonders be-liebt: die hängenden Leuchtsterne in den großen Bäumen rund um die Platzmitte. Öffnungszeiten: Ende Nov.–23. Dez. 11:00–21:00, Fr. und Sa. 11:00–22:00 Uhr.

Neumarkt, 50667 Köln | Anfahrt: Stadtbahn 3, 4, 7, 9, 16, 18, Haltestelle: Neu-markt | www.markt-der-engel.de

Märchen-Weihnachtsmarkt am Rudolfplatz *(Innenstadt)*

Für Kinder ab 0

Nicht nur die Märchenfiguren an und auf den Weihnachtsmarkthütten, son-dern vor allem das ausführliche Bühnenprogramm kennzeichnen diesen Markt. Geboten wird auf der Bühne am Hahnentor eine bunte weihnachtli-che Mischung von Puppentheater bis kölsche Lieder. Auch der eine oder ande-re Karnevalsstar gibt sich zuweilen die Ehre. Öffnungszeiten: Ende Nov.–ca. 23. Dez. So.–Do. 11:00–21:00, Fr. 11:00–22:00, Sa. 10:00–22:00 Uhr.

Rudolfplatz, 50667 Köln | Anfahrt: Stadtbahn 1, 7, 12, 15, Haltestelle: Rudolf-platz | www.weihnachtsmarkt-rudolfplatz.com

Hafen-Weihnachtsmarkt am Schokoladenmuseum *(Neustadt-Süd)*

Für Kinder ab 0

Dass Weihnachten und maritimes Flair gut zusammenpassen, beweist dieser Weihnachtsmarkt am Rheinauhafen. Von der Kleidung der Standbetreiber bis hin zum Schwerpunkt der angebotenen Waren dreht sich hier alles um das Thema „Hafen". Kinder haben sicher an den vielen Piraten-Figuren ihre Freu-de. Aber auch sonst ist dieser Markt ein Augenschmaus und lohnenswert für alle, die das Thema Weihnachten mal ein wenig anders aufbereitet sehen wollen. Tolle Ausblicke aufs Schokoladenmuseum, den Malakoffturm sowie die besondere Architektur des Rheinauhafens gibt es noch dazu.

Am Schokoladenmuseum 1a, 50678 Köln | Anfahrt: Bus 132, 133, 106, Haltestelle: Schokoladenmuseum, oder Stadtbahn 1, 7, 9, Haltestelle: Heumarkt, dann am Rheinufer entlang südwärts gehen| www.hafen-weihnachtsmarkt.de

Weihnachtsmarkt am Stadtgarten
(Neustadt-Nord)

Für Kinder ab 0

Kleinerer, beschaulicher Markt am Rande des Belgischen Viertels und des Stadtgartens. Neben Weihnachtsmarkt-Klassikern wie Waffeln und Glühwein gibt es hier zudem einige außergewöhnliche Stände zu entdecken. Das Publikum ist eher jung und trendbewusst, und die überschaubare Größe des Marktes macht ihn für Familien mit Kindern besonders attraktiv. Auf einer kleinen Bühne finden wechselnde Show-Einlagen statt. Besonders beliebt ist das Kasperletheater.

Öffnungszeiten: Ende Nov.–ca. 23. Dez. Mo.–Fr. 16:00–21:30, Sa., So. 12:00–21:30 Uhr.

Spaß im Schnee

Venloer Straße 40, 50672 Köln | Anfahrt: Stadtbahn 3, 4, 5, Haltestelle: Hans-Böckler-Platz/Bhf. West, oder Stadtbahn 12, 15, Haltestelle: Friesenplatz
www.weihnachtsmarkt-stadtgarten.de

Weihnachtsmarkt-Express

Für Kinder ab 0

Lust auf Weihnachtsmarktspaß, aber müde Füße? Eine Lösung ist der Weihnachtsmarkt-Express, der Besucher von einem Markt zum nächsten kutschiert. Angefahren werden insgesamt vier Märkte in folgender Reihenfolge: Weihnachtsmarkt am Dom, Weihnachtsmarkt auf dem Alter Markt, Hafen-Weihnachtsmarkt am Schokoladenmuseum und Weihnachtsmarkt am Neumarkt. Start der Tour ist am Dom/Burgmauer (neben Köln-Tourismus). Der Express fährt dann im Viertelstunden-Rhythmus. Fahrgäste können entweder eine einfache Fahrt oder aber eine Rundfahrt nach dem Hop-on-/Hop-off-Prinzip in Anspruch nehmen. Betriebszeiten: während der Weihnachtsmarkt-Saison täglich 10:45–18:30, So. bis 19:30 Uhr.

Nähere Infos, auch zu den Fahrpreisen: www.bimmelbahnen.de

Karneval

Eröffnung des Straßenkarnevals *(Altstadt)*

Für Kinder ab 0

An Weiberfastnacht wird um 11:11 Uhr der Beginn des Straßenkarnevals zelebriert. Dies findet traditionell auf dem Alter Markt statt, unter Mitwirkung des Dreigestirns.

Alter Markt, 50670 Köln | Anfahrt: Stadtbahn 1, 7, 9, Haltestelle: Alter Markt, oder Stadtbahn 5, Haltestelle: Rathaus

Historisches Spiel von Jan und Griet *(Südstadt)*

Für Kinder ab 0

Alljährlich an Weiberfastnacht findet das historische Karnevalsspiel „Jan un Griet" statt. Start ist gegen 13:30 Uhr am Severinstor in der Südstadt, mit anschließendem Umzug zum Alter Markt. Hintergrund: Der Sage nach warb der arme Knecht Jan vom Kümpchenshof um die Marktfrau Griet. Da er ihr jedoch nicht fein genug war, verschmähte sie sein Werben, woraufhin Jan in den Dreißigjährigen Krieg zieht. Als er nach einigen Jahren wieder nach Köln kommt, erblickt er am Severinstor Griet mit ihrem Marktstand. Griet, beeindruckt von seinem Auftreten, sagt daraufhin: „Jan, wer et hätt jewoss!", woraufhin Jan sie seinerseits mit den Worten: „Griet, wer et hätt jedonn!" ablehnt.

Severinstorburg

Nubbelverbrennung

Wenn am Veilchendienstag um Mitternacht der „Nubbel" verbrannt wird, ist das Wehklagen groß, denn die Nubbelverbrennung markiert das Ende der Session. Dafür übernimmt der Nubbel jedoch auch die Funktion des Sündenbocks und sorgt dafür, dass alle (an Karneval und auch sonst) begangenen Fehltritte vergeben werden. Wo überall der Nubbel verbrannt wird, erkennt man im Laufe des Veilchendienstags an der Strohpuppe, aufgehängt über der Eingangstür zu Kneipen.

Rosenmontagszug *(Innenstadt und angenzende Viertel)*
Für Kinder ab 0
Ohne Frage der Höhepunkt des Kölner Karnevals. Der „Zoch" startet zumeist um 10:30 Uhr in der Südstadt und zieht sich dann mehrere Stunden lang durch die gesamte Innenstadt. Und das mit Pauken und Trompeten, dem Dreigestirn, Dutzenden von Reitercorps, aufwendigen Prunkwagen und je-

Schull- und Veedelszöch

Kölle Alaaf!

der Menge Kamelle, Strüssjer und Alaaf. Der genaue Zugweg wird überall in der Presse bekannt gegeben. Wem die über eine Million Jecken rund um den Zugweg zu viel werden: Natürlich wird an diesem Tag auch in allen Kneipen und auf den Straßen gefeiert.

Start: Südstadt (Nähe Chlodwigplatz), 50670 Köln

Schull- & Veedelszöch *(diverse Stadtteile)*
Für Kinder ab 0

Neben dem großen Rosenmontagszug gibt es noch zahlreiche kleinere, aber nicht minder stimmungsgeladene Züge. Sie finden von Karnevalsfreitag bis Veilchendienstag in den einzelnen Veedeln statt und werden von dort ansässigen Schulen und/oder Stammtischen, Vereinen oder Nachbarschaftsinitiativen bestritten. Näheres zu Uhrzeiten und Zugweg ist zu Beginn der tollen Tage in der Presse nachzulesen.

Termine 2014–2016

Karneval 2014
Weiberfastnacht:	27.02.2014
Rosenmontag:	03.03.2014
Veilchendienstag:	04.03. 2014
Aschermittwoch:	05.03.2014

Karneval 2015
Sessionseröffnung:	11.11.2014
Weiberfastnacht:	12.02.2015
Rosenmontag:	16.02.2015
Veilchendienstag:	17.02.2015
Aschermittwoch:	18.02.2015

Karneval 2016
Sessionseröffnung:	11.11.2015
Weiberfastnacht:	04.02.2016
Rosenmontag:	08.02.2016
Veilchendienstag:	09.02.2016
Aschermittwoch:	10.02.2016

Der *Rabenmütter Verlag* ist den
Heldinnen der Verzweiflungstat gewidmet!

RABEN
MÜTTER
VERLAG

Besuchen Sie uns auf Facebook:
www.facebook.com
Stichwortsuche Rabenmütter Verlag

Service

Wichtige Telefonnummern

Äktschen Telefon

Unter der Nummer 0221/22125555 können Kinder und Jugendliche bzw. deren Eltern in Erfahrung bringen, welche Freizeitangebote aktuell in Köln stattfinden. Die automatische Ansage ist rund um die Uhr erreichbar und wird betrieben vom Jugendamt der Stadt Köln. Besonders beliebt ist dieser Service während der Schulferien

Elterntelefon Nummer gegen Kummer

Hier bekommen Eltern schnell und anonym erste Hilfestellung bei akuten Problemen: Tel. 0800/110550

Giftnotruf

Vergiftungszentrale am Universitätsklinikum Bonn, Tel. 0228/19240

Kids-Hotline *(deutschlandweit)*

Online-Beratung für Kinder und Jugendliche bis 21. Anonym und kostenlos, rund um die Uhr, zu allen Fragen. www.kids-hotline.de

Kindernotfallpraxen Köln

Es gibt in Köln drei kinderärztliche Notfallpraxen. Sie sind an jedem Tag im Jahr geöffnet und können ohne Termin aufgesucht werden. Öffnungszeiten: Mo., Di., Do. 19:00–23:00, Mi., Fr. 13:00–23:00, Sa., So., Fei. 8:00–23:00 Uhr. Nach 23:00 Uhr unter der zentralen Nummer des allgemeinen ärztlichen Notdienstes 0180/5044100 (12 Cent pro Minute) an die nächstgelegene Klinikambulanz der Kinderkliniken wenden.

Kindernotfallpraxis am Kinderkrankenhaus *(Riehl)*

Amsterdamer Straße 59, 50735 Köln, Tel. 0221/8888420

Kindernotfallpraxis Krankenhaus Porz *(Porz)*

Urbacher Weg 19, 51149 Köln, Tel. 02203/9801191

Kindernotfallpraxis an der Universitäts-Kinderklinik *(Lindenthal)*

Joseph-Stelzmann-Straße 9, 50937 Köln (Gebäude 26, Eingang Gleueler Straße 115), Tel. 0221/47888999

Kindertelefon Nummer gegen Kummer

Wenn Probleme, Sorgen oder Krisensituationen über den Kopf zu wachsen drohen, ist dies die richtige Nummer für schnelle, unkomplizierte und vor allem anonyme Hilfe: Tel. 0800/110333

Freizeit- und Ferienprogramme

Evangelische Familienbildungsstätte Köln

Riesige Auswahl an Kursen, Begegnungstreffen und Vorträgen. Viele Veranstaltungen richten sich an die ganze Familie – und alles zu fairen, moderaten Preisen. www.fbs-koeln.org

Ferienwerk Köln

Große Datenbank für betreute Kinder- und Jugendreisen. Dazu gehören auch Skifreizeiten, Wallfahrten, Sprachreisen etc. Zielgruppe sind Kinder ab acht Jahre aus dem Großraum Köln-Bonn. www.ferienwerk-koeln.de

Findegeburtstag

Keine Idee für eine tolle Geburtstagsfeier? Hilfe gibt's beim Portal für Kindergeburtstage: www.findegeburtstag.de

girlspace – Medientreff für Mädchen

Medienpädagogische Arbeit für und mit Mädchen – und zwar kulturübergreifend, so lautet das Motto und der Auftrag von girlspace. www.girlspace.de

Katholische Familienbildung Köln

Große Auswahl an Kursen, Seminaren, Vorträgen und Gruppentreffen. www.familienbildung-koeln.de

Kinderkultursommer

Zwei Wochen pralles Programm für Kinder ab sechs Jahre: Im Mittelpunkt stehen kreative Angebote wie etwa Kindertheater, Zirkus, Malen, Zeichnen, Bildhauerei, Film- und Foto-Workshops sowie Bewegungsangebote wie Tanz, Akrobatik und der große betreute Abenteuerspielplatz. www.kinderkultursommer.de

Kölner Spielecircus

Kurse, Ferienprogramm, Workshops rund um das Thema Zirkus – erstes „Zirkusluftschnuppern" schon für Kinder ab zwei Jahre. www.spielecircus.de

Natur bewegt Dich e.V.

Pädagogische Programme für Gruppen mit dem Schwerpunkt Erlebnispädagogik, Waldpädagogik und Zirkuspädagogik. Im Angebot sind Ferienfreizeiten und sonstige Gruppenfahrten mit pädagogischen Zielsetzungen. www.naturbewegtdich.de

Querwaldein

Durch Wald, Feld und Wiesen streifen und dabei Spaß haben, spannende Dinge erleben, etwas lernen und Zeit mit Mama, Papa, Großeltern oder Freunden verbringen? Querwaldein macht's möglich. www.querwaldein.de

Sven von Loga – Geoexkursionen

Für alle, die Lust auf geologische Exkursionen, Geocaching, Eifelvulkanismus und verwandte Themen haben. www.uncites.de

TPZ – Theaterpädagogisches Zentrum Köln

Theaterkurse und -projekte für Kinder (ab sieben Jahre) und für Erwachsene. Regelmäßige Theatervorstellungen. www.tpz-koeln.de

ZAK – Zirkus- und Artistikzentrum Köln

Für alle, die Lust und Spaß an der Zirkuswelt haben. Hier gibt es Kurse, Workshops, Ferienprogramm und Veranstaltungen rund um Akrobatik, Jonglage, Clownerei etc. www.zak-koeln.com

Besondere Läden

Balloni *(Ehrenfeld)*

Für Kinder ab 0

Hier gibt es Ballons in allen nur erdenklichen Größen, Formen, Farben und Ausführungen: Ob in Form eines Tieres, einer Comic-Figur, als Herz-Ballon, mit Zahlen-Aufdruck für Geburtstage, als lebensgroßer Latex-Ballon, mit Glitzer, Leuchtfarbe oder als (ferngesteuerter) Schwebe-Ballon. Darüber hinaus gibt es bei Balloni stilvolle und ungewöhnliche Deko-Artikel, teils aus Designer-Hand, für alle Arten von Feiern und Festlichkeiten. Am besten hingehen und sich inspirieren lassen. Öffnungszeiten:

Ehrenfeldgürtel 88–94, 50823 Köln, Tel. 0221/510 910 | Anfahrt: Stadtbahn 3, 4, Haltestelle: Venloer Straße/Gürtel | www.balloni.de

Globetrotter *(Innenstadt)*

Für Kinder ab 0

Dass es sich hier nicht nur um ein Outdoor-Ausrüstungsgeschäft handelt, wird Besuchern schon kurz nach dem Betreten klar, denn inmitten der Verkaufsfläche befindet sich ein glitzernd blaues Wasserbecken. Hier können Kunden beispielsweise Schlauchboote oder Kajaks ausprobieren, oder aber eine Taucherausrüstung testen. Darüber hinaus gibt es einen Klettertunnel, eine Kältekammer–und eine gut sortierte Kinderabteilung. Wer bislang noch kein Outdoor-Freund war: Hier springt der Funke über! Öffnungszeiten: Mo.–Do. 10:00–20:00, Fr.–Sa. 10:00–21:00 Uhr.

Richmodstraße 10, 50667 Köln, Tel. 0221/27 72 88 0 | Anfahrt: Stadtbahn 1, 3, 4, 7, 9, 16, 18, Haltestelle: Neumarkt. | www.globetrotter.de

Maus & Co. *(Innenstadt)*
Für Kinder ab 0

Der „Maus-Laden" in den WDR-Arkaden ist von außen gut erkennbar an der riesengroßen orangefarbenen Maus, die die Fassade der Einkaufspassage ziert. Drinnen kommen Freunde von Maus, Elefant & Co. auf ihre Kosten. Ob als Kuscheltier, Buch oder sonstiges Spielzeug: Wer auf der Suche nach einem kleinen Geschenk oder Mitbringsel ist, wird hier sicher fündig. Öffnungszeiten: Mo.–Fr. 10:00–19:00, Sa. 10:00–18:00 Uhr.

WDR-Arkaden, Breite Straße 6–26, 50667 Köln, Tel. 0221/2572134 | Anfahrt: Stadtbahn 3, 4, 16, 18, Haltestelle: Appellhofplatz/Breite Straße, oder Stadtbahn 5, Haltestelle: Appellhofplatz/Zeughaus

Pattevugel *(Innenstadt und Sülz)*
Für Kinder ab 0

„Pattevugel" ist der kölsche Ausdruck für Papierdrachen – und kennzeichnet damit einen Schwerpunkt der beiden gleichnamigen Läden. Sowohl das Ladenlokal in der Innenstadt als auch die Filiale in Sülz haben sich auf den Verkauf und die Beratung in Sachen Drachen, Kites und Funsport spezialisiert. Auch Zubehör für Artistik und Jonglieren sind dort erhältlich. Während der Laden in der Innenstadt zusätzlich eine große Spieleauswahl bereithält, hat sich die Sülzer Filiale „Em Veedel" zudem in Sachen Modellbau spezialisiert.

Laden Innenstadt: Ehrenstraße 43 B, 50672 Köln, Tel. 0221/2 58 31 29, Öffnungszeiten: Mo.–Mi. 11:00–19:00, Do., Fr. 11:00–20.00, Sa. 10.00–18.00 Uhr.

Laden „Em Veedel" Sülz: Zülpicher Straße 314, 50937 Köln, Tel. 0221/28 27 28 67, Öffnungszeiten: Mo.–Fr. 10:00–18:30, Sa. 10:00–15:00 Uhr | Anfahrt: Pattevugel Innenstadt: Stadtbahn 3, 4, 5, 12, 15, Haltestelle: Friesenplatz, oder Stadtbahn 12, 15, Haltestelle: Rudolfplatz. Pattevugel Sülz: Stadtbahn 9, Haltestelle: Lindenburg. | www.pattevugel.de

Spielbrett *(Neustadt-Süd)*
Für Kinder ab 0

Ein kleiner Laden, vollgepackt mit Spielen aller Art – für jedes Alter und alle Interessen: Das Angebot reicht von Kleinkind- und Holzspielzeug über Puzzles, Brett- und Kartenspiele bis hin zu komplexen Strategiespielen. Ein Schwerpunkt des Ladens liegt auf Fantasy-Rollenspielen. Geführt wird das Spielbrett von echten Experten in Sachen Spiele – und das schon seit über 25 Jahren. Öffnungszeiten: Mo.–Fr. 10:00–19:00, Sa. 10:00–16:00 Uhr.

Engelbertstraße 5, 50674 Köln, Tel. 0221/23 14 89 | Anfahrt: Stadtbahn 9, 12, 15,
Haltestelle: Zülpicher Platz | www.spielbrett-koeln.de

Veranstaltungen

Cinepänz

Das Kinderfilmfestival Cinepänz ist weit über die Grenzen Kölns hinaus bekannt. Jedes Jahr im November zeigen einige Kölner Kinos dann besondere Kinder- und Jugendfilme und bieten teilweise Mitmachworkshops an. Das Festival steht jedes Jahr unter einem neuen Motto. www.cinepaenz.de

Deutzer Kirmes

Zweimal im Jahr verwandelt sich das Deutzer Rheinufer in einen Riesenrummelplatz: die bekannten Deutzer Kirmes. Sie findet traditionell jeweils im Frühjahr (Ende April/Anfang Mai) sowie im Herbst (Ende Oktober) statt. www.gkseg.de

Expedition Colonia–Köln für Kinder

Hinter die Kulissen von Kölner Sehenswürdigkeiten, Unternehmen, Baudenkmälern oder sonstigen Anlagen blicken und viel Ungewöhnliches und Wissenswertes erfahren. www.expedition-colonia.de

Kölner Gauklerfest

Bei dem dreitägigen Fest jedes Jahr Anfang Juni verwandelt sich der Friedenspark in der Südstadt zu einer einzigen Bühne voller Gauklerei, Zirkus, Artistik, Kleinkunst und Theater.
www.gauklerfest.feuerkrieger.de

Kölner Lichter

Spektakuläre Feuerwerkskunst über dem Rhein: Die Kölner Lichter (jedes Jahr Mitte Juli) sind für viele Kölner und Menschen aus dem Umland eines der schönsten Feste des Jahres. www.koelner-lichter.de

Lange Sommernacht im Zoo

Jedes Jahr Ende August öffnet der Kölner Zoo bis in die Nacht hinein seine Pforten für neugierige Nachtschwärmer. Begleitet wird das Fest von einem bunten Rahmenprogramm. www.koelnerzoo.de

lit.kid.COLOGNE

Parallel zum Literaturfest lit.Cologne findet jeweils Anfang/Mitte März die Kinder- und Jugendlichenversion statt. Es gibt hochgradiege Lesungen und Veranstaltungen rund ums Kinderbuch. www.litcologne.de

Weltkindertag

Das riesige Kinderfest zum Weltkindertag findet jedes Jahr Ende September auf dem Heumarkt und im Rheingarten statt. www.weltkindertag-koeln.de

Diverses

anyway

Das anyway ist das Jugendzentrum speziell für lesbische, schwule und bisexuelle Jugendliche. Es hat ein Café, in dem man andere Jungen und Mädchen kennenlernen kann. www.anyway-koeln.de

café 362

In diesem offenen Jugendtreff kann man chillen, es wird Hausaufgabenbetreuung angeboten und vieles mehr. Einfach mal auf die Webseite klicken. http://cafe362.de

Freiraum

Unter dem Motto „Freiräume für Kinderträume" kann man hier einen 154 m² großen Raum für die unterschiedlichsten Feiern anmieten. Egal ob Kindergeburtstage, Taufen oder Familienfeiern. www.koeln-freiraum.de

Jugendrotkreuz

Kinder und Jugendliche im Alter von sechs bis zwölf Jahren können sich in den unterschiedlichsten Gebieten ehrenamtlich engagieren. Jugendrotkreuzler/-innen setzen sich für andere Menschen ein, beschäftigen sich mit den Themen Gesundheit, Umwelt, Frieden und Völkerverständigung und mischen bei politischen Entscheidungen mit. www.jrk-koeln.de

Jugendzentren

Jugendzentren gibt es in fast alles Stadtteilen, und die Möglichkeiten sind vielfältig. Hier kannst du eine eigene Band gründen. Im Zirkus Knallo Bonboni mitmachen oder dich bei Projekten für den Umweltschutz engagieren. Einfach mal die Homepage durchstöbern. Da ist für jeden etwas dabei. www.jugz.de

Kalker Kindermittagstisch e.V.

Jedes Kind hat ein Recht auf sein Essen. Deshalb versucht der Kalker Kindermittagstisch, an jedem Wochentag jedem Kind eine warme Mahlzeit bereitstellen zu können. www.kalkerkindermittagstisch.de

Kinderlauftreff

Den Lauftreff gibt es erst seit 2012. Das Angebot richtet sich an Kinder im Grundschulalter. www.kinderlauftreff.com

Notizen und eigene Tipps

Noch Fragen oder Anregungen?

Mailen Sie uns: angeklopft@rabenmuetter-verlag.de

Nein? Alles Klar?

Dann viel Spaß!